Karl-Heinz Brass

Jeder Schritt zählt ...
1006 km Jakobsweg trotz Parkinson

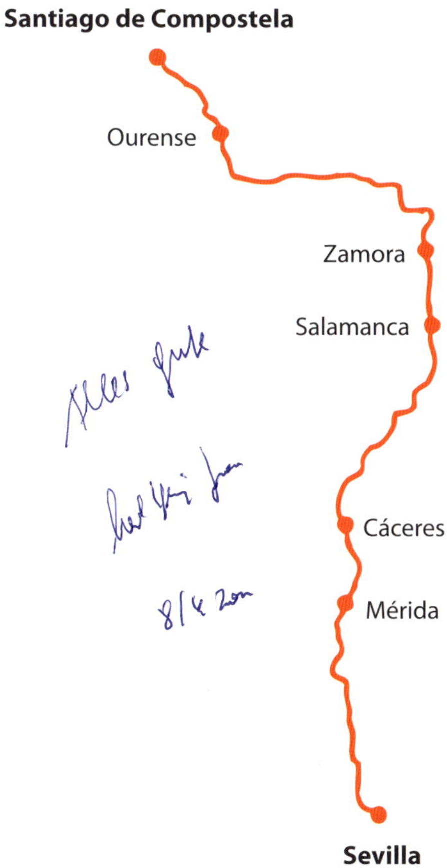

Umschlagfoto: fotolia, crestock
Fotos Innenteil: Karl-Heinz Brass

Persönliche Worte

Mit zwei Ausnahmen möchte ich darauf verzichten, einzelnen Personen oder Gruppen für ihre Unterstützung zu danken.

Mich haben insbesondere die Menschen stark beeindruckt, die ich nie persönlich kennengelernt habe und die auch mich nicht persönlich kennen. All die guten Wünsche von ihnen, das Schulterklopfen, die E-Mails, die SMS-Nachrichten und die Telefonate haben mir besonders in schwierigen Situationen sehr geholfen, durchzuhalten.

DANKE dafür!

Mein innigster Dank gilt meiner Begleiterin und langjährigen Lebensgefährtin, der ich dieses Buch von ganzem Herzen widme.

DANKE BRIGITTE, ohne Dich hätte ich das nie geschafft…

Karl-Heinz Brass
Im Januar 2011

Ist das Abenteuer wirklich zu Ende?

Einige Monate sind vergangen, seitdem ich vom „Camino“ zurückgekehrt bin. Von all den Erlebnissen und Erfahrungen ist nichts verblasst. Ich habe darauf verzichtet, die „Compostela“ in einen Rahmen zu fassen und an die Wand zu hängen. Der Rucksack ist in einer Abstellkammer und meine Pilgerschuhe stehen im Schuhregal. Ob beide darauf warten, noch einmal mit mir diesen Weg zu gehen? Ich weiß es nicht, aber wenn ich es mir vorstelle, kribbelt es in mir.

Manchmal sitze ich allein vor unserem Haus auf der Terrasse, schaue auf das einzige Souvenir, das ich mir in Santiago de Compostela gekauft habe: die blaue Fliese mit der gelben Jakobsmuschel. Ich habe sie an einer Hausecke befestigt. Sie bedeutet mir unendlich viel. Auf sie zu blicken, heißt, einen Projektor einzuschalten und einen wunderbaren Film anzusehen.

Nein, das Abenteuer ist nicht zu Ende: Es geht weiter, immer weiter …

Mit diesem Satz schließt mein erstes Buch „… Weiter, immer weiter …“, in dem ich meine Erlebnisse auf dem Jakobsweg niedergeschrieben habe.

Zwei Jahre später, im Frühjahr 2009, sitze ich wieder mal auf unserer Terrasse. Meine Augen suchen förmlich den Anblick der Fliese mit der Jakobsmuschel. Denn auch nach fast 24 Monaten habe ich nichts von den Erlebnissen meines Weges von Roncesvalles, an der französisch-spanischen Grenze, in das ca. 800 km entfernte Santiago de Compostela vergessen. Nein, im Gegenteil! Selbst kleinste Details sind in meiner Erinnerung wie festgemauert. Ich schließe meine Augen, und es ist als würde es in einem Kinosaal dunkel und ein Film beginnt: mein persönlicher Film!

Die Vorbereitungszeit, das Einkaufen und Zusammenstellen der Ausrüstung einschließlich der medizinischen Ausstattung. Das tägliche, harte Training, um meinen Körper auf die schwierige Tour vorzubereiten. Die Zweifel und Bedenken, ob ich diesen langen und beschwerlichen Weg, trotz meiner Parkinson-Erkrankung, gehen soll und kann. Die Gedanken, ob ich meiner langjährigen Lebensgefährtin Brigitte zumuten kann, für einige Wochen alleine in unserem Heimatort zurückzubleiben – mit ihren Sorgen und Ängsten um mich. Das Gefühl des Abschiednehmens aus der gewohnten Umgebung.

Die Erinnerungen an den ergreifenden Pilgergottesdienst in Roncesvalles und an die schweren 28 Tagesetappen. Tage mit Dauerregen, Eis und Schnee, aber auch Zeiten voller Sonnenschein in wunderbar blühenden Landschaften.

Da waren die unzähligen Kontakte mit Menschen aus den verschiedensten Ländern. Kurzeitige Freundschaften die für einen Teil des Weges geschlossen wurden. Meine Begegnung mit Gott, die ich niemals vergessen werde. Die vielen merkwürdigen, unerklärlichen Erlebnisse während des Weges. Die

Freude, die Trauer, die Schmerzen und die Emotionen während dieser Zeit.

Mein geführtes Wettrennen mit einem französischen Pilger. Die alltäglich zu überwindenden Hindernisse. Die Hilfe, Unterstützung, Fürsorge und Motivation meiner Brigitte, die mich überraschenderweise drei Wochen lang auf meinem Pilgerweg begleitete.

Und: Die Tränen am 26. April 2007, der Tag an dem ich mein Ziel, das Grab des Heiligen Jakob in Santiago de Compostela, erreicht hatte. Einen solchen emotionalen Ausbruch hatte ich bis dahin nicht erleben dürfen.

All das und viele andere Erinnerungen sind für mich so greifbar, als wäre es erst gestern gewesen.

Und immer stand „am Ende des Films“ ein Wunsch: Dies noch einmal erleben zu dürfen! Nochmals zu pilgern!

Tag für Tag wurde es mir immer klarer, ich wollte, nein, ich musste es noch einmal versuchen. Nur: würde meine Erkrankung dies zulassen?

Das erste Buch

Zu Hause zurückgekehrt musste ich mich erst wieder an einen anderen Lebensrhythmus gewöhnen, sozusagen wieder in die Zivilisation integriert werden. Bestand der Tagesablauf der vergangenen Wochen aus pilgern, essen und schlafen, so war ich daheim die viele Freizeit nicht mehr gewohnt. Doch das sollte sich bald ändern. Noch hatte ich keine Ahnung, was in den kommenden Wochen und Monaten auf mich zukommen würde.

Bereits auf dem „Camino“, wie der Pilgerweg im Allgemeinen genannt wird, hatte ich darüber nachgedacht, für meine

Familie und Freunde eventuell ein Buch über meine Erlebnisse auf dem Jakobsweg zu schreiben. Und da ich selbst nicht so ganz daran glaubte, machte ich mir lediglich stichwortartige Notizen über das, was ich am Tag erlebte.

Nach meiner Rückkehr wurde ich quasi wie ein seltenes Tier durch Freundes- und Bekanntenkreise gereicht, um meine Pilgerstory zum wiederholten Male zu erzählen. Der Auslöser für mich, meine Idee, ein Buch zu schreiben, in die Tat umzusetzen.

Anfang Mai 2007 setzte ich mich an den Schreibtisch und kam sehr schnell auf den Boden der Realität zurück.
Ich begriff, dass es viel leichter ist, etwas Erlebtes zu erzählen, als es in Schriftform zu dokumentieren.

Das erinnerte mich an meine Jugendjahre. Damals bestand meine Lektüre zum überwiegenden Teil aus Jerry-Cotton-Romanen, die von den völlig überzogenen Heldentaten eines amerikanischen FBI-Agenten erzählten. Ich war so von der Schreibweise dieser „Schundliteratur" begeistert, dass ich ebenfalls einen Kriminalroman schreiben wollte und auch voller Elan damit begann. Nach genau 16 Schreibmaschinenseiten musste ich meine Karriere als Krimiautor abrupt abbrechen, denn ich hatte mich in eine solche Verwirrung manövriert, dass ich selbst nicht mehr durchblickte, wer Opfer und wer Täter war.

Ich ließ mich von dieser negativen Erfahrung aber nicht beirren, sondern eher warnen. Für mein Buch musste zunächst ein Konzept her. Und da mir hierfür nicht sofort etwas Vernünftiges in den Sinn kam, dachte ich als erstes über den Buchtitel nach. Auf dem „Camino" hatte ich oft geschimpft, wenn es besonders harte Passagen zu bewältigen galt. Immer und immer wieder spornte ich mich dann mit den Worten: „Es geht weiter, immer weiter …" an. Und so war der Titel für mein Buch schnell gefunden und danach das passende Konzept.

Ich hatte mir vorgenommen, nur dann zu schreiben wenn ich Lust dazu hatte und mich keinem Druck auszusetzen. Aber es kam natürlich ganz anders.

Es gab Zeiten, da schrieb ich Tag und Nacht, meine unbeholfenen Finger glitten mehr oder weniger schnell über die Tasten des Laptops. Und hatte ich keine Lust, so blieb das Schreibwerk einfach liegen. Es ging besser als erwartet.

Während dieser Tage und Wochen machte ich mir erstmals Gedanken über die Vermarktung meines Buches. Auslöser: die vielen Menschen, die einfach nicht aufhörten, sich für das, was ich erlebt hatte zu interessieren. Und obwohl ich schon 15 Jahre aus dem Berufsleben ausgeschieden war, floss noch immer genügend „Marketing- und Vertriebsblut" in meinen Adern, um mich damit zu befassen.

Ich hatte mittlerweile ausreichend Material produziert und wollte mich – einfach mal so – nach einem passenden Verlag umschauen. Damals wusste ich noch nicht, dass dies für einen unbekannten Neuautor nahezu unmöglich ist. In meiner Blauäugigkeit glaubte ich natürlich fest daran, dass man eine Leseprobe von mir ernsthaft prüfen würde. So schickte ich meine Manuskripte – unaufgefordert – an vier große Verlage in Deutschland. Schließlich sollte „mein Werk" nicht von irgendeinem Wald- und Wiesenverleger in den Büchermarkt katapultiert werden.

Ich konnte es kaum fassen, als nach wenigen Tagen die Antworten von allen Verlagen in meinem Postfach lagen. Voller Ungeduld und Neugierde öffnete ich die Post sofort in meinem Auto und ließ mich auch nicht von hupenden Autofahrern, die meinen Parkplatz haben wollten, ablenken.

Schnell überflog ich die Begleitbriefe und konnte nicht glauben was ich da las: „… finden wir den Stoff sehr lesenswert…", „… der Inhalt ist sehr unterhaltsam …", „… die Verlagsleitung hat sich mit Ihrem Manuskript befasst und es für gut befunden …", „… die Leseproben gefallen uns inhaltlich gut …"

Das war ja nicht zu fassen! Ich jubelte innerlich und sah mein noch nicht einmal fertig geschriebenes Buch bereits auf den Bestsellerlisten. Ich zupfte aufgeregt an den Papieren, die noch in dem großformatigen Umschlag steckten und erfasste nur das Wort VERTRAG.

Weiter kam ich nicht, denn das Hupkonzert der noch immer wartenden Parkplatzsucher wurde immer aggressiver. Ich startete schnell den Motor und fuhr im „Schumi-Stil" nach Hause.

Es sind nur ca. 1.500 m von dem kleinen Postbüro bis zu unserem Haus und so war ich nach wenigen Minuten daheim. Brigitte kehrte gerade die Terrasse, als ich den Wagen auf der Parkfläche abstellte und mit einem Lächeln auf sie zuging. „Du strahlst ja wie ein Honigkuchenpferd", lächelte sie zurück und gab mir einen Kuss. „Ich habe einen Verlagsvertrag für mein Buch", verkündete ich stolz, ohne zu wissen, was in den Papieren geschrieben stand. Ohne ihre Reaktion abzuwarten ging ich schnellen Schrittes ins Haus. Ich hatte jetzt keine Zeit für lange Erklärungen, wollte meinen Erfolg genießen. Ich wollte endlich schwarz auf weiß lesen, was ich mir erhoffte: einen VERTRAG.

Ich setzte mich auf einen Stuhl. Gott sei Dank, denn ansonsten wäre ich bestimmt auf meinen Hintern gefallen. Hatte ich doch in meiner Euphorie übersehen, dass es sich nicht um einen Vertrag, sondern um ein Verlagsangebot handelte. Ich hatte keine Gelegenheit enttäuscht zu sein, denn meine Augen erfassten mehrere Euro-Geldbeträge in stattlicher Größenordnung. Beträge in Höhe von 11.900 Euro, von 9.800 Euro, von 9.300 Euro und ein wenig darunter.

Wer nun denkt, das wären die angebotenen Autorenhonorare der irrt gewaltig. Das waren: PUBLIKATIONSKOSTEN DES AUTORS. Frei übersetzt: die Verlage wollten Geld von mir haben! Dass mir auch eine prozentuale Gewinnbeteiligung angeboten wurde, registrierte ich kaum noch. Ich war stocksauer, einfach wütend.

Da sitzt ein „Jungautor" monatelang am Schreibtisch, brütet in der Hitze Spaniens über dem Inhalt seines Buches und die Herren der Verlagsleitungen fordern noch Geld dafür, dass sie MEIN BUCH verlegen dürfen! „So nicht, meine Herren! Nicht mit mir", murmelte ich vor mich hin. „Dann mach ich das eben in Eigenregie", redete ich selbst mit mir.

Ich war emotional so geladen, dass ich Brigitte gar nicht bemerkte, die still im Rahmen der Terrassentür lehnte und beobachtete wie ich – wie ein Rumpelstilzchen – mit der neuen Erkenntnis umging. Sie kam auf mich zu, nahm mir sanft die Papiere aus der Hand und überflog die Schriftstücke kurz. Danach legte sie ihre Hand auf meine Schulter und sagte: „Du wirst schon einen anderen, besseren Weg finden."

Nach einer kleinen „Trotzpause" setzte ich meine Autorenarbeit nach wenigen Tagen fort. Das Negativ-Erlebnis hatte mich jedoch nicht davon abhalten können, weiterhin über die Möglichkeit der Vermarktung nachzudenken.
Ich kam schnell zu der Erkenntnis, dass es gar nicht einfach war, ein Buch „werbewirksam" fertigzustellen. Ich brauchte ein Lektorat, einen Fachmann, der den Titel gestaltet, einen guten Fotografen, eine Druckerei etc. Außerdem fehlten mir jegliche Kontakte zu Buchhändlern und Internetanbietern. Ganz zu schweigen von den juristischen Dingen, die zu beachten waren. Wo bekam ich eine ISBN-Nummer her? „Schuster, bleib bei deinen Leisten", dachte ich und trug den Gedanken der Selbstvermarktung – vorerst – zu Grabe.

Immer wieder surfte ich im Internet, um geeignete Verlage zu finden. Ein Verlag, der das Buch verlegen sollte, ohne mir Geld aus der Tasche zu ziehen. Aber diesen zu finden, schien aussichtslos.

Inzwischen war es Sommer in Spanien geworden. Ich schrieb mit Freude an meinem Buch und kam gut damit voran. Auch meine Suche nach einem passenden Verlag hatte ich nicht aus den Augen verloren, und so surfte ich immer mal wieder im Internet. Mittlerweile war das eine lieb gewordene Angewohnheit. Den Glauben, wirklich einen Verlag zu finden, hatte ich längst aufgegeben. Doch wie heißt es so schön: „Die Hoffnung stirbt zuletzt!"

Und: meine Ausdauer sollte belohnt werden, denn eines Tages fand ich eine Homepage mit folgender Überschrift: VERLAG FÜR LITERARISCHE TALENTE. Und weiter: Wir verlegen OHNE Druckkostenzuschuss. Plötzlich war ich hellwach. War das die berühmte Stecknadel im Heuhaufen? Ich las konzentriert die Informationen, die mir das Internet anbot. „Wir verlegen nur ausgewählte Texte …", hieß es weiter. Alles schien seriös und glaubhaft zu sein und ich entschloss mich, einige Seiten meines Manuskriptes an diesen Verlag zu senden.

Meine Familie war natürlich darüber informiert, dass ich unter die Autoren gegangen war. Mit Ausnahme meiner damals 95-jährigen Mutter und Brigitte hatte niemand auch nur eine Zeile meines Werkes zu Gesicht bekommen. Ich wollte alle zu einem späteren Zeitpunkt mit meinem Buch überraschen. Nachteil war, dass ich kein Feedback von neutralen Personen erhielt und ich nicht wusste, ob meine Art zu schreiben bei den Lesern Gefallen finden würde. Die bisher kontaktierten Verlage waren nicht objektiv, denn die wollten nur mein Geld.

Mit Brigittes Hilfe beauftragte ich zwei Personen, die ich nicht kannte und die mich auch nicht kannten, mein mittlerweile recht umfangreiches Manuskript zu lesen und ihr Urteil hierzu abzugeben. Die Resonanz war so positiv, dass es mir fast peinlich war. Aber, und das war wichtig, ich hatte zwei Meinungen, die zwar nicht repräsentativ waren, mir aber Sicherheit gaben, auf dem richtigen Weg zu sein.

Den Verlag für die literarischen Talente hatte ich fast vergessen, als mir eine Antwort ins Haus flatterte: „Der Inhalt Ihrer Leseprobe hat mich gut unterhalten …", war die zurückhaltende Antwort, aber mit der Aufforderung, weitere Teile des geplanten Buches zu senden. Gewarnt durch die bisherigen Erkenntnisse hielt sich meine Freude in Grenzen. Ich hatte aber ein gutes Gefühl und dies sollte mich nicht täuschen, wie sich bald zeigte.

Ich schrieb mit gesteigerter Motivation Seite um Seite und am 22. August 2007 war das gesamte Manuskript fertig. Den ursprünglichen Namen behielt ich bei und so blieb es beim Titel „… Weiter, immer weiter … – Meine Erlebnisse auf dem Jakobsweg".

Dann ging alles Schlag auf Schlag. Der Verlag akzeptierte den restlichen Text. In einem Fotostudio wurde ein Shooting für das Cover durchgeführt (hierbei erkannte ich, wie hart die Arbeit von Models ist, die stundenlang in Dauerposen zur Verfügung stehen müssen). Anlässlich eines Besuches im Verlag unterschrieb ich meinen Autorenvertrag am 18. September 2007.

Ende November erhielt ich die sogenannte Druckfahne zur letzten Absegnung vor dem Druck des Buches. In einer Nachtaktion haben Brigitte und ich den gesamten Text nochmals durchgelesen und am Morgen des 30. November gab es dann das langersehnte „GO"!

Gut zwei Wochen später, am 14. Dezember, war mein Buch gedruckt, erhältlich in fast allen deutschen Buchhandlungen und im Internet. Der Verlag hatte mehr gehalten, als er versprochen hatte. Er hatte eine Glanzleistung vollbracht.

Ich hatte es wieder einmal geschafft, mein Ziel zu erreichen. Als unbekannter Autor in solch kurzer Zeit ein Buch zu schreiben, einen Verlag zu finden und den Titel in die Buchläden zu bringen, das war schon ungewöhnlich und erfüllte mich mit Zufriedenheit und einer kleinen Portion Stolz.

Als ich ein Exemplar des Buches in meinen Händen hielt, wurde es mir ganz seltsam im Herzen. Der 26. April, der Tag an dem ich Santiago erreicht hatte, war wieder in meiner Erinnerung. Trotz Parkinson-Erkrankung hatte ich soviel erlebt und erreicht. Es war ein verrücktes Jahr 2007. Ich ahnte nicht, was im neuen Jahr 2008 alles auf mich zukommen sollte.

Übrigens: das erste druckfrische Exemplar des Buches habe ich – mit einigen persönlichen Worten versehen – meiner Brigitte geschenkt. Ich habe ihr soviel zu verdanken.

Die Lesungen

Ich dachte damals in meiner Schriftstellernaivität, mit der Fertigstellung des Buches wäre meine Arbeit als Autor getan. Aber da hatte ich mich gewaltig getäuscht.

Schon bei der Unterzeichnung meines Autorenvertrages hatte meine Verlegerin mich gefragt, ob ich mir vorstellen könnte, vor Publikum aus meinem „Werk“ vorzulesen, also wie man in Fachkreisen sagt, eine Lesung zu halten. „Das ist sicherlich kein großes Problem für mich“, gab ich mit dem Brustton der Überzeugung zur Antwort. Hatte ich doch während meiner beruflichen Laufbahn auch Vorträge vor größeren Zuhörerkreisen halten müssen. Und so schlecht kann ich damals nicht gewesen sein, waren doch am Ende meiner Referate immer noch interessierte Menschen anwesend, dachte ich, und machte mir selbst Mut.

Meine Familie war zwar darüber informiert, dass ich ein Buch über meinen Gang auf dem Jakobsweg schreiben würde, ich hatte sie aber über den Inhalt und das Erscheinungsdatum im Unklaren gelassen. Es sollte für alle eine Überraschung werden. Lediglich meiner Mutter hatte ich zu ihrem 95. Geburtstag die ersten Seiten meines Manuskriptes geschenkt und ihr dann Zug um Zug die weiteren Kapitel zukommen lassen. Ich hatte sie dazu „vergattert“, absolutes Stillschweigen zu bewahren. Die gute alte Dame, sie ist heute 97 Jahre, hat ihr Wort gehalten und bis zur Veröffentlichung des Buches niemanden etwas erzählt. Schmunzelnd hat sie mir während eines Telefonates berichtet, dass sie die Manuskriptseiten unter dem Wohnzimmerteppich versteckt hatte, um sicher zu sein, dass diese Papiere nicht in falsche Hände geraten.

Nun war es aber an der Zeit der gesamten Familie mein Werk zu präsentieren und so kam mir die Idee, eine Lesung für meine Familie zu halten. So konnte ich „zwei Fliegen mit einer Klappe schlagen". Zum einen ergab sich die Möglichkeit, die inzwischen große Neugierde bezüglich des Buches zu befriedigen, zum anderen konnte ich in einer Art Generalprobe Erfahrungen sammeln. Und das war gut so, denn ich begriff sehr schnell, dass es ein großer Unterschied ist, ein Buch zu lesen oder einem Publikum daraus vorzulesen.

Im Laufe des Jahres 2008 folgten nun einige Veranstaltungen. Zwei Termine werden immer in meinem Gedächtnis verankert bleiben.

Im Februar lernte ich Natascha L. Michnow kennen. Diese attraktive, intelligente und selbstbewusste Powerfrau hat an der Costa Blanca einen Literatur- und Kulturkreis aus der Taufe gehoben, der sich Dank ihres unermüdlichen Einsatzes und ihrer Kreativität zu einer Institution entwickelt hat. Sie war durch Presseveröffentlichungen auf mich und mein Buch aufmerksam geworden. Nach einem persönlichen Gespräch lud sie mich ein, auf einer Veranstaltung im Mai aus meinem Buch zu lesen und über meine Erlebnisse auf dem Jakobsweg zu sprechen. Hier sollte auch meine Parkinson-Erkrankung zur Sprache kommen. Diese Lesung, sie fand am 5. Mai 2008 statt, war für mich Erlebnis und Ermutigung zugleich. Vor einer hohen Anzahl von Besuchern, darunter Vertreter der Presse, las ich zwei Kapitel, erzählte von meiner Pilgerreise und beantwortete die vielen Fragen der Zuhörer. Obwohl ich mächtig nervös war, ging alles glatt.

Erstaunlicherweise meldeten sich Tage und Wochen nach meiner Lesung fremde Menschen bei mir, um sich Rat im

Umgang mit Parkinson zu holen. Es machte mich sehr glücklich, ja es gab mir eine tiefe, innere Befriedigung, wenn ich durch Gespräche ein wenig helfen konnte, den Betroffenen den Weg zu einem positiven Umgang mit der Krankheit aufzuzeigen. Ich beschloss, mir dies zur Aufgabe zu machen.

Die zweite Lesung, an die ich mich gerne erinnere, wurde im Frühjahr 2008 ins Leben gerufen, als ich einen Anruf von einer namhaften PR-Agentur aus Frankfurt a. M. erhielt. Diese organisierte im Auftrag von zwei weltweit tätigen Pharmaunternehmen ein Kolloquium zum Thema: „Beweglichkeit und Parkinson". In diesem Telefonat wurde ich informiert, dass man mein Buch gelesen habe und vom Inhalt sehr beeindruckt war. Als Parkinson-Patient diesen beschwerlichen Weg gegangen zu sein, habe auch etwas mit Beweglichkeit zu tun und passe sehr gut zum Thema.

Ich erfuhr weiter, dass zu dieser Tagung Journalisten aller bedeutenden medizinischen Fachzeitschriften anreisen würden. Ganz nebenbei erwähnte man, dass als weiterer Referent Herr Professor Andres Ceballos-Baumann, Chefarzt der Neurologischen Klinik in München erwartet wird. Auf meine Frage, wer denn die anderen Referenten sein werden, kam aus dem Hörer meines Telefons nur die kurze Antwort: „SIE, wenn sie wollen?" Mir verschlug es die Sprache, ich musste schlucken! Hatte ich alles richtig verstanden oder hatte mein Gehör plötzlich Schaden genommen? Ich sollte vor zahlreichen Journalisten und einem hochgelobten Parkinson-Spezialisten einen Vortrag halten?

„Hallo, Herr Brass, sind Sie noch dran?“, fragte mich die angenehme Stimme einer jungen Frau. Ich kam langsam wieder zu mir, es war kein Traum. Ich hatte tatsächlich eine Einladung zu einer hochkarätigen Fachtagung erhalten, unfassbar! Ich überlegte nochmals und gab mein Okay.

Das Kolloquium fand im Stuttgarter Nobelhotel „Camino“ unter dem Motto: „Weiter, immer weiter ...“ statt. In Anlehnung an mein Buch hatte man das Hotel ausgewählt und den Titel des Buches zum Tagungsmotto gemacht. Mehr geht nicht!

Die Veranstaltung war ein voller Erfolg und sie gab mir viel Kraft für die vor mir liegende Zeit.

Übrigens war der leider verstorbene Besitzer des Hotels „Camino“ ein Fan des Jakobsweges und hat ein Zimmer in seiner Ausstattung einer Pilgerunterkunft angeglichen. In diesem Pilgerzimmer, indem man auch als Gast übernachten kann, steht in einem Schrankfach neben diverser Literatur über den Jakobsweg auch Hape Kerkelings Bestseller „Ich bin dann mal weg“. Sie dürfen raten, welches Buch seit dieser Veranstaltung neben Hapes Buch auf gleicher Höhe steht!

Wieder zurück in Spanien, saß ich im Wohnzimmer und schaute durch die Terrassentüren nach draußen. Heute war ein ungewöhnlicher Tag, denn es goss seit Stunden wie aus Kübeln. Unüblich für diese Jahreszeit. Die Beete in unserem

Garten standen unter Wasser, der Pool drohte überzulaufen. Brigitte hatte sich zu einer Siesta ins Schlafzimmer zurückgezogen und ich döste auf dem Sofa vor mich hin, bis das Telefon klingelte und mich aus meinem Halbschlaf riss. Ich wollte erst gar nicht aufstehen, um an den Hörer zu gehen, jedoch das hartnäckige Schellen und die in mir hochsteigende Neugierde überzeugten mich, den Anruf entgegen zu nehmen.

„Hallo", meldete ich mich, noch etwas verschlafen. Am anderen Ende hörte ich ein zaghaftes Hallo zurück. Es war eine Frauenstimme, die in deutscher Sprache fragte, ob ich Herr Brass sei. „Ja, der bin ich. Was kann ich für Sie tun", fragte ich die Unbekannte vorsichtig. Ich war etwas misstrauisch, vielleicht wollte man mir eine Rheumadecke oder irgendeinen nutzlosen Kram andrehen.

„Ich habe Ihr Buch gelesen und möchte nun noch drei weitere Exemplare, die ich gerne verschenken möchte", sagte die freundliche Stimme. Ich fühlte mich geschmeichelt, mein Vertrauen wuchs und ich legte all meine Freundlichkeit in meine Antwort: „Das freut mich sehr. Ich habe einige Bücher hier, die ich Ihnen gerne mit der Post zusenden kann." Ich wollte noch einen Satz wegen der Bezahlung anschließen, doch so weit kam ich nicht.

„Das ist ja wunderbar. Kann ich sie sofort bei Ihnen abholen?", unterbrach sie mich. „Ja schon, aber bei diesem Wetter", war meine fürsorgliche Antwort. „Ich bin ganz in der Nähe und fahre sofort los, das Wetter spielt keine Rolle", sagte sie in einem selbstbewussten Ton, der keine weiteren Einwände meinerseits zuließ. Ich gab mich geschlagen, erklärte ihr den Weg und wünschte eine gute Fahrt.

Draußen regnete es nach wie vor in Strömen und Brigitte schlief den Schlaf der Gerechten. Nach einer knappen Stunde klingelte es am Eingangstor. Wie es sich gehört, nahm ich den bereitgestellten Regenschirm, um meinen Gast zu empfangen und einigermaßen trocken ins Haus zu bringen.

Auf diesem kurzen Stück blickte sie sich suchend um, ohne erkennen zu lassen wonach sie schaute. Mein Misstrauensbarometer stieg in Richtung roter Bereich.

Nach einer kurzen, aber freundlichen Begrüßung bat ich meinen Besuch Platz zu nehmen und wollte zur Sache kommen, es ging ja um die Abholung der Bücher. Doch sie begann, mir Fragen zu stellen. Ob ich Kinder hätte und ob diese auch hier im Haus wohnen würden? Ob ich verheiratet wäre oder zumindest eine Frau hätte?

Die Frage nach dem eigenen Nachwuchs beantworte ich noch zügig, die Antwort zu meiner Frau kam jedoch sehr zögerlich und ich verschwieg meinem Gast, dass Brigitte nur wenige m entfernt ihren Mittagsschlaf fortsetzte. Was wollte diese Frau von mir?

In meinem Kopf entstanden Bilder aus der Fernsehsendung Aktenzeichen XY ungelöst und ich fragte mich, warum ich überhaupt eine für mich fremde Person ins Haus gelassen hatte. Davor wurde doch immer gewarnt und gerade mir, dem vorsichtigen Menschen, passierte so etwas. Mir schossen tausend Dinge durch den Kopf. Vom Betrug bis zu einem Überfall, ja gar bis zum Mord war alles dabei. Doch ich hatte keine Zeit nachzudenken.

Ob ich hier alleine leben würde und ob meine Frau hier wäre? Sie ließ nicht locker. Mir wurde heißer und heißer. Meine Besucherin wurde immer unruhiger und fummelte ständig am Verschluss ihrer Handtasche herum. Ihre Mimik signalisierte mir Unsicherheit. Sie rutschte auf dem Sofa hin und her, wobei sie mir stets einige Zentimeter näher kam. Der Daumen ihrer linken Hand lag auf dem Schloss der Handtasche und wartete wohl auf weitere Befehle seiner Besitzerin. Sie schien eine Entscheidung getroffen zu haben. Millimeter um Millimeter näherte sich der Daumen dem Druckknopf des Taschenverschlusses. Es herrschte Totenstille am „Tatort“! Noch einen Millimeter und… es machte

– einem Donnerschlag gleich – „klick“, als das Schloss sich öffnete. Jetzt ging alles ganz schnell. Die rechte Hand der „Täterin“ glitt geschickt in die geöffnete Handtasche.

Ich brauchte nicht mehr lange zu überlegen. Es konnte sich nur um eine Pistole handeln die sie Sekunden später auf mich richten würde. Ich verschloss meine Augen und erwartete den Schuss aus dem Revolver, der meine Hinrichtung besiegeln sollte. Seltsamerweise fragte ich mich noch, ob man den Knall noch hören konnte, bevor man tot ist.

Wie auch immer, es muss eine komische Kugel gewesen sein, denn ich wurde durch ein Rascheln wieder in diese Welt zurückgerufen. Langsam, ganz langsam öffnete ich die Augen und schaute direkt in das Objektiv einer kleinen, silberfarbigen Digitalkamera.

Nach einer kleinen Schockpause schauten wir uns beide an und begannen mit der Auflösung dieser kuriosen Situation. Sie wollte unbedingt ein Foto mit mir und musste dazu, logischerweise, zu mir kommen. Wenn zwei auf ein Bild wollen, muss ein Dritter her, der fotografiert. Das war der Grund, warum sie sich schon beim Gang ins Haus suchend umschaute und warum sie fragte, ob ich alleine hier wohnen würde. Sie brauchte einen Fotografen.

Sie bekam ihren Wunsch erfüllt. Wir setzten uns zusammen auf eine Couch und machten so viele Aufnahmen von uns selbst, bis das „Fotoshooting“ erfolgreich abgeschlossen wurde. Fast hätte sie vergessen die Bücher mitzunehmen.

Brigitte ruhte immer noch und hatte von den „dramatischen Szenen“ nichts mitbekommen.

Auf des Messers Schneide

Mit zunehmendem Alter bekommt man immer häufiger den Eindruck, dass die Zeit schneller zu vergehen scheint als in den Jahren zuvor. Wie war das doch früher in der Zeit des Heranwachsens und in den Jahren als man sich einen jungen Mann nennen durfte? Man dachte nicht an das Älterwerden, man lebte jetzt und fühlte sich einfach unsterblich. Man war gesund und hatte den Ernst des Alltages noch nicht so recht begriffen oder gar erkannt.

Die 15 Jahre, die ich mittlerweile in Spanien lebte, waren vergangen wie im Fluge. Ich wusste nicht, wo diese Zeit geblieben war. Auch mein Parkinson begleitete mich nun schon seit ca. 10 Jahren. Hatte ich diese schwere Erkrankung in den ersten Jahren nicht wirklich ernst genommen, so setzte der Krankheitsverlauf seinen unerfreulichen Weg gnadenlos fort, ohne auf seinen Patienten Rücksicht zu nehmen. Die ersten Unregelmäßigkeiten in der Motorik meines Körpers machten sich bemerkbar und blieben auch dem Außenstehenden nicht verborgen.

Es ergaben sich Lebenssituationen in denen ich begann mich zu schämen. Ich wollte vielfach aus diesen Gründen das Haus nicht verlassen und begab mich unbewusst in die Gefahr der sozialen Isolation. Sehr schnell erwachte aber mein Kämpfergeist und schlug Alarm. Es wurde mir klar, dass es so nicht weitergehen konnte. Aber was sollte oder konnte ich tun? Ich begann nachzudenken und zu grübeln und kam zu einem, für mich befriedigenden Ergebnis. Ich beschloss, der Krankheit so wenig wie möglich Zeit und Platz in meinem Lebensalltag einzuräumen und sie einfach zu ignorieren. Diese Entscheidung, sie mag in den Augen anderer richtig oder falsch oder gar blödsinnig und weltfremd klingen, half mir, meine erste erkennbare Parkinsonkrise zu bewältigen.

Eines Tages lernte ich einen Manager eines bedeutenden Pharmakonzerns kennen. Er war in diesem Unternehmen seit vielen Jahren in leitender Position tätig und unter anderem für Parkinson-Medikamente verantwortlich. Er hörte sich aufmerksam und auch mit sichtbarem Interesse meine Krankheitsgeschichte an. Natürlich hatte ich ihm auch von meiner Selbsttherapie des Ignorierens erzählt. Er lächelte mich an und gab mir eine Antwort die mich, zumindest in diesem Moment sprachlos machte: „Sie mögen ja Ihre Krankheit ignorieren, aber die Krankheit ignoriert Sie nicht!"

Ich war platt, er hatte genau ins Schwarze getroffen. Ich werde diese, so passende Antwort niemals vergessen.

Es war an einem Sonntagmorgen im Frühjahr 2009, also zwei Jahre nach meinem ersten Jakobsweg. Die Glocken der Dorfkirche riefen die Gläubigen zur Heiligen Messe und die Sonne strahlte am wolkenlosen Himmel der Costa Blanca. Ich schaute wieder einmal auf die Fliese mit der Jakobsmuschel und der „Film" begann wieder vor meinem geistigen Auge abzulaufen. Doch schon nach wenigen Sekunden verwässerten meine Gedanken und die Aussage des Pharmamanagers kam mir in den Sinn. Ich dachte nach und ich verstand, dass ignorieren nicht die Lösung sein konnte. Diese Erkenntnis vermischte sich auf eine seltsame Weise mit meinem Wunsch noch einmal auf den Jakobsweg zu gehen. Noch in derselben Minute stand für mich fest, ich versuche es noch einmal. Das Pilgerfieber hatte mich wieder gepackt!

Nach nur wenigen Stunden Schlaf erwachte ich mit diesem Gedanken. Ich war noch etwas benommen und wusste gar nicht genau was los war. „Guten Morgen, mein Pilgerherz“, begrüßte mich die vertraute Stimme von Brigitte. „Wie war deine kurze Nacht?“, beendete sie das Morgenritual. Es war also doch kein Traum, sondern Realität. Ich wollte den „Camino“ nochmals herausfordern. War meine Sprache wieder mal schneller als die Gedanken? Ich hatte doch überhaupt nicht richtig nachgedacht. War ich mir der Konsequenzen bewusst? Was sagt mein Parkinson dazu?

Mir kamen erste Zweifel. „Doch, ich werde es noch mal versuchen“, flüsterte ich mir selbst zu und bestätigte mir meine Aussage von gestern. Ich drehte mich auf die andere Seite und schlief noch eine Runde.

Dennoch dachte ich in den kommenden Tagen über den Sinn und möglichenfalls auch über den Unsinn einer solchen Aktion nach. Warum sollte ich die harte Wegstrecke von den Pyrenäen bis nach Santiago nochmals gehen? Ich hatte diesen Jakobsweg bewältigt, meinen Wunsch befriedigt und das Ziel erreicht.

Ich hatte gelernt, dass neben einer guten Kondition und einem starken eigenen Willen auch die positive Motivation wichtig für den Erfolg ist. Was ich brauchte, war ein neues Ziel, eine neue Herausforderung. Ich legte die Gedanken, den gleichen Weg über ca. 800 km nochmals zu pilgern, zu den Akten. Ich begann zu recherchieren, welche Alternativen es gab, die in meine Lebenslage passten. Natürlich musste die Herausforderung größer sein, um mein Ego zu bedienen und eine neue Motivation aufzubauen.

Durch eine Bekannte erfuhr ich von einer Strecke, die innerhalb Spaniens von Sevilla in Andalusien durch die Extremadura nach Santiago de Compostela in Galicien führte, der VIA DE LA PLATA. Das beeindruckte mich nicht wirklich und ich fragte nach der Länge dieses Jakobsweges. Die Antwort: 1.000 km (in Worten eintausend)! Das war es, was ich suchte und brauchte, eine Million Meter zu Fuß. Ohne überhaupt etwas über den Schwierigkeitsgrad der Route zu wissen, waren die

„1.000 (km)“ für mich zur magischen Zahl und zur Motivation geworden. Ich war zu diesem Zeitpunkt so übermotiviert, dass ich am liebsten gleich losgelegt hätte. Gott sei Dank funktionierte mein Verstand richtig und sagte mir: „Rom wurde auch nicht an einem Tag gebaut.“

Es war schon viel zu spät im Jahr um der aufkommenden Hitze zu entgehen. Darüber hinaus war ich von meiner Kondition her auf einem sehr niedrigen Niveau, mein Körper in einem desolaten Zustand. Meine Krankheit machte täglich neu auf sich aufmerksam, die Motorik, insbesondere beim Gehen, spielte verrückt. Mein arg lädierter Rücken machte mir solche Probleme, dass ich unter starken Schmerzen unfähig war, einer Belastung standzuhalten. Zeitweise war meine Psyche in den roten Bereich abgesunken und ich betrachtete meinen Körper als eine jämmerliche Erscheinung. Unter Ausschluss der Öffentlichkeit floss auch so manche Träne. Wie recht hatte doch der Pharmamanager, die Krankheit ignorierte mich nicht. Gab es denn, realistisch betrachtet, eine Chance für mich, dieses neue Ziel zu erreichen? Oder sollte ich nicht einen Schritt zurückgehen und das Projekt abblasen?

Ich setzte mich Tag um Tag mit dieser Frage auseinander, kam aber zu keiner abschließenden Beurteilung und Beantwortung.

Schneller als ich dachte und ohne jede Vorwarnung kam ich in eine neue Situation, die mich bei der überfälligen Entscheidung stark beeinflussen sollte.

Im Mai 2009 war ich wieder mal in Düsseldorf bei meiner Familie zu Besuch. In diesen Zeitraum fiel auch der 97. Geburtstag meiner Mutter und an diesem stolzen Tag wollte ich gerne bei ihr sein. Der Leser erinnert sich, das ist die Dame, die meine Manuskripte unter dem Teppich versteckte und sich mit ihrem Sessel obendrauf setzte, damit kein Unbefugter an diese „Geheimpapiere“ gelangen konnte.

Eines Tages klingelte das Telefon. Am anderen Ende der Verbindung hörte ich eine mir bekannte männliche Stimme, die ich aber nicht sofort zuordnen konnte. Ich befragte meinen Kopfcomputer der sofort eine Antwort ausspuckte. Richtig, es war der Marketingchef des großen Pharmaunternehmens. Wir kannten uns von der Parkinsons-Veranstaltung in Stuttgart. Nach den üblichen Höflichkeitsfloskeln kam er gleich zur Sache. Er informierte mich darüber, dass man nach internen Beratungen einstimmig beschlossen hatte meine, für einen Parkinson-Patienten ungewöhnlichen Aktivitäten, kräftig zu unterstützen. Er klärte mich über Details auf, beantwortete geduldig meine kritischen Fragen und ließ mir für eine Antwort genügend Zeit. Fast nebenbei gab er mir die Zusage, dass sein Unternehmen mich mit einem angemessenen Betrag unterstützen würde, denn man sei sich bewusst, dass ein solches Projekt nicht zum Nulltarif zu realisieren wäre. Mir stockte der Atem! Wo war der Haken an seinem Angebot?

Er merkte wohl meine erste Zurückhaltung und setzte mich nicht unter Druck. Er schlug ein persönliches Gespräch vor, in dem wir Einzelheiten diskutieren könnten. Außerdem müsste „das Kind einen Namen haben“ und der hieß BERATERVERTRAG. „RUMMS“! Das war der zweite Keulenschlag, der auf mich niederging. Ich kleines Menschlein sollte im fortgeschrittenen Alter noch einen Beratervertrag von diesem Pharmakonzern bekommen!?

„Herr Brass, haben Sie einen Fotoapparat?“ Ich antwortete zögerlich, denn ich wusste nicht was diese Frage zu bedeuten hatte. „Sie könnten dann auf Ihrem nächsten Pilgergang, den Sie für den Herbst geplant haben, einige schöne Fotos machen, die Sie dann auf Ihrer Vortragsreise zeigen können.“

Wie bitte? Hatte ich richtig verstanden? Fotos? Vortragsreise? Mir wurde ganz schwindelig. Da ich nicht antwortete, erkannte mein Gesprächspartner, dass es wohl an der Zeit sei, mich etwas schlauer zu machen. „Ach ja, richtig, das muss ich Ihnen ja noch erklären ...“ Er informierte mich, dass es einige Vorgespräche mit der Deutschen Parkinson-Vereinigung (dPV) gegeben habe. Demnach war geplant, mich auf eine Vortragsreise durch mehrere deutsche Großstädte zu schicken, um vor Ort interessierten Zuhörern über meine Erlebnisse auf dem Jakobsweg zu berichten, meine Erfahrungen im Umgang mit der Krankheit mitzuteilen.

Die abschließende Frage, ob ich mir und meiner Gesundheit dies zutrauen würde, beantwortete ich mit einem kurzen aber eindeutigen „Ja!“ In diesem Augenblick hatte ich noch nicht begriffen, dass ich meine längst überfällige Frage, Via de la Plata ja oder nein, positiv beantwortet hatte.

Wir verabredeten uns für den 20. Mai zu einem Treffen am Frankfurter Flughafen. Der Herr von der Pharmafirma kam mit einem Flieger der Lufthansa direkt von einem Meeting aus Riga. Ich reiste bequem mit einem Intercity-Express der Deutschen Bahn an den Flughafen. Nach einer herzlichen Begrüßung und einer kurzen Diskussion fiel die „feierliche Vertragsunterzeichnung“ bei zwei Flaschen Mineralwasser in einem Flughafenrestaurant eher bescheiden aus. Ich fuhr noch am gleichen Tag zufrieden, aber auch aufgekratzt nach Düsseldorf zurück.

Jetzt gab es kein Zurück mehr. Ich wollte nicht nur die 1.000 km gehen, jetzt musste ich es auch durchziehen!

Wenn ich gewusst hätte, dass an meinem „Gesundheitshimmel“ dunkle, ja gar finstere Wolken aufziehen würden, hätte ich mir das alles noch einmal überlegt.

Schnell will ich noch eine kleine Episode erzählen, wie man als unwissender Bahn-Reisender unverhofft in den Wirren der Bahnvorschriften gefangen wird bzw. werden kann.

Obwohl mir meine Reisekosten nach Frankfurt erstattet wurden, hatte ich mein „Sparticket“ im Internet online besorgt, um Kosten für eine weitaus teurere Fahrkarte einzusparen. Die Bezahlung erfolgte per Kreditkarte. Das Kleingedruckte in den Reisepapieren hatte ich natürlich nicht gelesen, wozu auch, es war ja alles in Ordnung.

So ahnte ich auch nichts Böses, als der blau uniformierte Zugbegleiter mit der Rotkäppchenimitation auf dem Kopf, sein allseits bekanntes: „Hier noch jemand zugestiegen? Die Fahrausweise bitte!“, wohlmöglich zum 200sten Male an diesem Tag ausrief. Um dem stressgeplagten Eisenbahner keine Wartezeit zuzumuten, hatte ich das Onlineticket und die Kreditkarte in der Hand, als diese imposante Gestalt vor mir auftauchte und mit strenger Miene, eher doch zum 300sten Male sein Sprüchlein aufsagte. Unter seinem linken Arm klemmte ein dickes Buch und ich fand es toll, dass er den Spruch freisprechend aufsagte, ohne aus dem Buch den Text abzulesen.

Er nahm die Reisedokumente zur Prüfung entgegen und sein geschultes Auge, unterstützt durch eine nicht mehr ganz moderne Brille, hatte ein furchtbares Delikt entdeckt. „Die Fahrkarte ist ungültig“, sagte er mir und man spürte die innere Befriedigung, die ihn erfasste, denn er hatte seiner Überzeugung nach einen Schwarzfahrer erwischt. Nun wollte ich wissen, was los war und bat freundlich um eine Erklärung für diese – in meinen Augen – ungeheuerliche Beschuldigung. „Die Nummer der in den Papieren angegebenen Kreditkarte stimmt nicht mit der Kreditkarte überein, die sie mir gegeben haben“, informierte er mich siegessicher. Ich stutzte und dabei kam mir in den Sinn, dass ich tatsächlich vor wenigen Tagen eine neue Karte bekommen hatte, weil der Magnetstreifen der alten beschädigt war. Ich verglich die beiden Zahlenreihen und stellte fest, dass lediglich die letzten vier Ziffern anders waren, die vorhergehenden zwölf Nummern waren identisch. Außerdem war das Gültigkeitsdatum und mein Name übereinstimmend und der Name des Kreditkarteninstitut sowieso. Als eindeutiger Beweis dafür, dass Internetbucher und Fahrgast die gleiche Person waren galt mein Foto auf dem Plastikgeld. Zumindest dachte ich dies.

Anders der Bahnbeamte, der forderte mich auf eine neue Fahrkarte zu kaufen. Er ließ die eindeutigen Argumente und

Beweise nicht gelten, verwies auf die Vorschriften und auf das Kleingedruckte und forderte, erneut meinen Fahrpreis zu entrichten. Ich war stocksauer und beschwerte mich lautstark über soviel Bürokratismus und über den Umgang mit seriösen Fahrgästen. Um mich herum saßen fast ausschließlich Geschäftsleute, die wie besessen auf ihre unschuldigen Laptops einhämmerten. Die versuchten sich erfolglos zu wehren, indem sie ständig piepsten oder durch farbige, flackernde Lämpchen auf ihre Misshandlung aufmerksam machen wollten. Unterstützt wurde dieses Chaos durch die Reisenden der Handyfraktion, die ihren Status durch eine Vielzahl von Klingeltönen unterstreichen wollten und die ohne Rücksichtnahme auf ungebetene Zuhörer über Rabattvereinbarungen sprachen, über ihre Abteilungsleiter schimpften oder ihrer Frau die ewige Liebe vorgaukelten. Man fühlte sich zeitweise wie ein Mitglied des Raumschiffes Enterprise.

Die Diskussion mit dem Schaffner ging geräuschvoll in die nächste Runde. Je lauter dieser Streit ausgetragen wurde, desto leiser wurden die Geräusche der mitreisenden Schlipsträger. Für sie war doch eine live-geführte Auseinandersetzung zwischen der Bahnobrigkeit und einem armen Fahrgast eine willkommene Abwechslung und man wollte natürlich nichts verpassen.

„Zahlen sie bar oder mit ihrer Kreditkarte?“, stocherte der Zugbegleiter erneut in meine seelischen Wunden und heizte meine Wut wieder auf. „Ich zahle überhaupt nicht, weder in bar noch per Blitzüberweisung. Ich habe bereits einmal gelöhnt und damit basta!“, war meine eindeutige Absage. Der blau Uniformierte rückte seine Dienstmütze gerade und nahm Haltung an. Es schien nun offiziell zu werden. In dem Großraumwagen war es merklich ruhiger geworden, das Publikum erwartete das große Finale. Würde das Gute über das Böse siegen?

„Mein Herr, ich weise Sie darauf hin, dass nach den Vorschriften....“, weiter kam mein Peiniger nicht, denn ich unterbrach ihn schroff. „Sie können machen was Sie wollen, ich gehe hier nicht weg und nochmals zahlen werde ich auch nicht. Sie müssen mich schon zusammen mit meinem Sitzplatz aus dem Zug tragen“, ereiferte ich mich. Zur Demonstration meiner Entschlossenheit zog ich die neue Aktentasche, die mir Brigitte vor einigen Tagen geschenkt hatte, fest an meine Brust. Das war natürlich Quatsch, denn der pflichtbewusste Beamte wollte ja mein Geld und nicht meine edle Tasche. „Das wird dann die Polizei auf dem nächsten Bahnhof erledigen“, erwiderte das Rotkäppchen kalt.

Verdammt, damit hatte ich nicht gerechnet, ich saß in der Falle, denn den Termin am Frankfurter Airport konnte ich nicht platzen lassen. Während mir die Gedanken durch den Kopf schossen, tauchte hinter der Lehne des Vordersitzes das Gesicht eines kleinen Mädchens auf. Sie stand mittlerweile auf der Sitzfläche ihres Platzes und musterte mich misstrauisch von oben herab. Dabei drehte sie ihren Lockenkopf nach links und fragte ihre Mutter lautstark: „Mama, was hat der Mann denn getan? Warum kommt die Polizei und nimmt ihn mit?“ Auch die Mitreisenden, die bisher nichts bemerkt hatten verdrehten sich die Hälse, um den Ganoven zu sehen.

Gott, war das peinlich! Ich hätte mich am liebsten in eine der Gepäckablagen versteckt. Ich hatte diesen Kampf verloren, das wusste ich, aber wie komme ich da wieder raus ohne mein Gesicht zu verlieren? Der Schaffner, der genau wusste was in mir vorging, strahlte nunmehr Gütigkeit und Hilfsbereitschaft aus. Er gab mir den Tipp, dass ich mir das zu viel gezahlte Geld auf dem Kulanzwege vom Kundenservice der Bahngesellschaft zurückholen könne. Das war die Lösung. Ich willigte sofort ein und zahlte mein Ticket zum zweiten Male. Fast wäre zwischen uns beiden noch eine echte Männerfreundschaft entstanden. Aber die Stimme aus dem Lautsprecher machte dies zunichte. „Verehrte Fahrgäste, in wenigen Minuten erreichen wir Frankfurt Flughafen …“ Ich konnte den Intercity als freier Mensch verlassen.

Anfang Juni beendeten wir unseren Familienbesuch und kehrten an unsere Mittelmeerküste zurück. Im Gegensatz zum deutschen Schmuddelwetter begrüßte uns der Himmel in seinem blausten Blau und die Sonne schenkte uns ihr strahlendstes Lächeln. Doch schon nach wenigen Tagen änderte sich die Großwetterlage. Es waren nicht die metereologischen Fakten, die wechselten. Im Gegenteil, der Sommer zeigte sich von seiner besten Seite. Nein, es entstanden unerklärlicherweise kleine bis mittlere Turbulenzen hinsichtlich meines Gesundheitszustandes.

Ich hatte den Eindruck, dass sich in meinem Körper etwas veränderte. Ich konnte es mir selbst nicht genau erklären, aber ich fühlte mich einfach nicht wohl. Ich war saft- und kraftlos. Dazu kam ein unangenehmes Schwindelgefühl und gelegentliche Übelkeit. Da diese Beschwerden gegen Mittag nachließen, machte ich mir zunächst keine ernsthaften Gedanken. „Es wird wohl vorübergehend sein", dachte ich.

Im Hinterkopf hatte ich aber immer die geplanten 1 000 km. Waren diese normalerweise eine starke Motivation, so entpuppten sie sich jetzt eher als eine Belastung. Nach außen hin schwieg ich über meine Probleme und spielte „Karl-Heinz, den Starken".

Ich merkte, dass sich in Teilbereichen die Motorik meiner Gliedmaßen zum Negativen verändert hatte. So fiel es mir zum Beispiel schwer, einen eigentlich simplen Ablauf, nämlich ein Stück Fleisch mit Messer und Gabel zu zerkleinern, durchzuführen. Dreht ein gesunder Mensch einen Türschlüssel in einem Zug herum, so hatte ich jetzt erhebliche Schwierigkeiten diesen Vorgang richtig zu koordinieren. Zu einem besonderen

Anlass wollte ich mir, seit langer Zeit wieder einmal eine Krawatte binden. Ich hatte diese „Knotenkunst“ bestimmt Tausende Male in meinem Leben demonstrieren können oder müssen. Aber jetzt, es war ein Drama. Es funktionierte überhaupt nicht. Erst nach mehreren Versuchen, die mich eine Unmenge an Konzentration und Nerven kosteten, hatte ich die richtige Form hinbekommen.

Kleinigkeiten des Alltages wurden nun zu einer täglichen Herausforderung und zu einem Kampf des Geistes gegen die Körperfunktionen. Sieg und Niederlage hielten sich noch die Waage, doch meine Psyche war angeschlagen.

Zu diesem Zeitpunkt waren es noch ca. zehn Wochen bis zum geplanten Start der Pilgertour. Wir reisten nochmals nach Deutschland und besuchten u. a. Berlin und Hamburg. Das war zwar eine willkommene Abwechslung, aber letztlich beschäftigte mich mein Parkinson rund um die Uhr. Auffallend war, dass mir das Gehen zunehmend schwerer fiel und mit zum Teil heftigen Rückenschmerzen verbunden war. Manchmal war es so, als klebte der Fuß am Boden fest, eine für Parkinson typische Erscheinung. Auch meine Schrittfolge veränderte sich ständig zum Negativen. Benötigte ich bisher für eine angenommene Distanz zwei Schritte, so waren es nun drei Trippelschritte, um die gleiche Entfernung zu bewältigen. Man muss kein großer Rechenkünstler sein, um zu verstehen welche Auswirkungen dies auf eine Route von 1.000 km haben würde.

Meine Gedanken befassten sich ständig mit der Endscheidung, pro und kontra, ja oder nein zum erneuten Pilgergang nach Santiago. In schlaflosen Nächten versuchte ich alles zu sortieren, um dann zu einem abschließenden Ergebnis zu kommen. Das Projekt stand „auf Messers Schneide!“ Um ganz ehrlich zu sein, ich schob die Entscheidung vor mir her. Diese lag zwischen Vernunft und Emotion. Ich verschwieg weiterhin meinen inneren Kampf mit mir selbst.

Mittlerweile war es Ende Juli geworden, es war brütend

heiß. Schon vor einigen Wochen hatte ich in meinem Zeitplan festgelegt, dass ich am 1. August mit dem Training beginnen musste, um einigermaßen fit zu werden. Ich sah auch in diesem Datum ein Schlupfloch für meine mangelnde Fähigkeit, mich zu entscheiden. Sollte mir doch mein Körper mitteilen, ob er noch Lust hatte, die „Via de la Plata“ zu gehen und nicht alles dem Kopf überlassen.

Ich mache es kurz. Das Trainingsprogramm brachte nicht den erhofften Erfolg. Ich marschierte zwar brav fünf bis sechs Mal pro Woche durch die Landschaft, aber von einer wesentlichen Verbesserung meiner Kondition konnte nicht die Rede sein. Ich war jedes Mal fix und fertig wenn ich nach Hause kam. Und das nach vergleichsweise wenigen Kilometern, gemessen an den täglichen Anforderungen auf dem „Camino“. Ich tröstete mich damit, dass ein Marathonläufer auch nicht jeden Tag 42 km zurücklegt bevor er in den entscheidenden Wettkampf geht. Ich dachte erneut daran aufzugeben, aber irgendetwas hielt mich zurück, meine Gedanken und Erkenntnisse in die Tat umzusetzen.

Und wenn du denkst es geht nicht mehr …

Trotz aller Bedenken hatte ich meinen Zeitplan nicht aufgegeben und hielt mich auch strikt daran. Zwei Wochen vor dem 13. September, dem Tag der 1. Etappe verschickte ich eine übersichtliche Anzahl von E-Mails an einen ausgesuchten Kreis aus Familie, Freunden und Bekannten. Die Botschaft: „Es geht jetzt los! Hier habt ihr zwei Handy-Nummern (von mir und Brigitte). Wenn ihr LIVE etwas von der Piste hören wollt, dann „RUFT MICH AN!“ Diese Mails, die lediglich als Informationsträger dienen sollten, lösten eine Welle von positiven Reaktionen aus.

Kaum waren die ersten Mails beim Empfänger, kamen im Minutentakt Antworten mit guten Wünschen und Ratschlägen. Das waren keine leeren Sprüche. Diese lieben Menschen hatten sich Gedanken gemacht und ihre Worte sorgfältig ausgewählt. Ich war und bin es heute noch beeindruckt, berührt und sehr dankbar für diese Art der Unterstützung.

Eine Mail möchte ich hier besonders erwähnen. Sie kam von meinem Enkelkind Phillip. Der schrieb (Original-Wortlaut): „Hi Opa. Ich finde es toll, dass Du trotz Deiner Krankheit und anderer Behinderungen den Pilgerweg gehst. Ich habe mit vielen anderen darüber gesprochen, die haben großen Respekt. Ich bin froh, dass ich so einen coolen Opa habe!"

Am 7. September, also wenige Tage vor dem Start, war ich im Literaturkreis in Denia zu Gast. Die Organisatorin und treibende Kraft Natascha war über meine Planungen informiert und hatte mich zu einem Interview eingeladen. Thema: „Was gibt es Neues, Herr Brass?" Ich bin mit großer Freude dieser Einladung gefolgt, hatte ich doch im Mai 2008 mein erstes Buch vor diesem Publikum vorstellen dürfen. Es gab aber noch einen Grund zu diesem Interview – das ein wenig einer Talkshow ähnelte – zu gehen.

Ich bekam wenige Tage vorher über eine bekannte PR-Agentur mit Sitz in Frankfurt/Main eine Anfrage von der Redaktion „Menschen der Woche". Das ist eine Talkshow, moderiert von Frank Elstner, die wöchentlich am Samstagabend im deutschen Fernsehen ausgestrahlt wird. Die wollten wissen, ob ich nicht Lust hätte, nach meinem Pilgergang in die Show zu kommen. Natürlich hatte ich Lust, dahin zu gehen. Für mich war diese Anfrage eine große Ehre und Anerkennung meiner Person und natürlich eine einmalige Chance, einem Millionenpublikum vorgestellt zu werden.

Im Literaturkreis hatte ich Gelegenheit, für den möglichen, großen Auftritt zu üben. Nataschas Publikum war wie immer hochinteressiert, es wurde ein gelungener Abend. Die Herzlichkeit, mit der mir die Gäste begegnet sind und der mehrfache Applaus während des Talks zwischen Natascha und mir, waren schon ungewöhnlich. Aber was mir ganz besonders unter die Haut gegangen ist, war, dass fast die gesamte Zuhörerschaft nach Schluss der Veranstaltung an unseren Tisch kam, um mir ihre Hand zu reichen, mir auf die Schulter zu klopfen, mir Lob auszusprechen und mich zu ermutigen, den „Camino" und den privaten Lebensweg positiv weiterzugehen. Dafür bin ich all diesen Menschen sehr dankbar. Ich werde diesen Abend nie vergessen!

Übrigens: Meine größte Kritikerin, Brigitte, bescheinigte mir zumindest für diesen Abend „Talkshow-Tauglichkeit".

Nach so vielen guten Worten, ehrlichen Wünschen und menschlicher Herzlichkeit stand für mich fest, ich muss diesen Weg gehen, persönliche Zweifel haben hinten anzustehen. Ich durfte diese Menschen nicht enttäuschen. Ich werde den „Camino" laufen! Doch werde ich mein Ziel erreichen?

An diesem Abend lernte ich auch Gisela kennen. Sie kam an meinen Tisch und stellte sich als Mitglied eines Internet-Forums vor. Hier würde sie Beiträge schreiben, die von möglichem Interesse für die Allgemeinheit seien. Ich konnte zu diesem Zeitpunkt nicht ahnen, wie wichtig und wertvoll dieser Kontakt in den vor mir liegenden Tagen und Wochen werden sollte.

Völlig aufgekratzt saß ich auf dem Beifahrersitz unseres Autos und versuchte die vergangenen Stunden zu verarbeiten. Ich hatte Brigitte gebeten nach Hause zu fahren. Wir sprachen fast nichts miteinander. Doch wir beide wussten, dass es nun kein Zurück mehr gab, denn wir standen den Menschen gegenüber, die unserem Vorhaben trauten, in der Pflicht. Fast hätte ich vergessen, dass es mein eigener Wunsch war, diesen „Gewaltmarsch“ zu machen.

Zu Hause angekommen, merkte ich meine Müdigkeit. Ich war nunmehr seit 21 Stunden auf den Beinen, aber schlafen konnte ich noch nicht, es ging mir noch so einiges durch den Kopf. Ich nahm eine Spanien-Autokarte zur Hand und faltete sie auf. Wie ein Skiläufer, der seine Slalompiste mit verschlossenen Augen vor sich sieht und abfährt, so erschien vor meinem geistigen Auge der Startort SEVILLA. Meine Gedanken führten mich entlang der Strecke, durch Andalusien, durch die Extremadura, durch Kastilien und Leon und durch Galicien bis SANTIAGO DE COMPOSTELA, dem wünschenswerten Ziel meiner Pilgertour. Ich öffnete die Augen, schaute auf die Straßenkarte, die ich in den Händen hielt, und mir wurde erneut bewusst, was ich mir auf die Fahne geschrieben hatte.

In den frühen Morgenstunden, mir tat mein Rücken weh, wachte ich auf. Ich musste wohl eingeschlafen sein. Halb saß ich und halb lag ich auf dem Wohnzimmersofa, die Spanienkarte bedeckte meine Beine, ohne jedoch eine wärmende Wirkung zu erzeugen. Ich verkroch mich leise in unser Schlafzimmer und schlief unruhig noch einige Stunden. Ich träumte von Santiago und der Pilgermesse.

Die wenigen Tage bis zu unserer Abreise nutzten wir zur Vorbereitung. Da wurden alle Dinge zusammengetragen die wir benötigten. Meine Pilgerausrüstung prüfte ich genau auf Vollständigkeit und probierte alles an, so wie ein Fallschirmspringer der sich nur auf sich selbst verlässt. Brigitte kümmerte sich um die Bestückung des „Begleitfahrzeugs". Sie dachte wirklich an alles. So lud sie auch ein kleines Heizöfchen in den Kofferraum. Nach den Erfahrungen, die wir damals in einigen Unterkünften im Baskenland machen mussten, wo trotz winterlicher Kältegrade die Heizungen nicht funktionierten, wollte sie auch auf solche Situationen vorbereitet sein. Dieser kleine Raumheizer sollte auf unserer Reise noch für so manche Verwirrung, aber auch für Heiterkeit sorgen.

Am Donnerstag, dem 10. September packten wir unser Auto, sorgten durch einen Bankbesuch noch für eine solide finanzielle Ausstattung, verabschiedeten uns von unseren Familien, Freunden und Nachbarn und verbrachten die letzte Nacht in einem unruhigen Schlaf.

Am nächsten Morgen, es war Freitag, dem 11. September 2009 ging es los. Wir waren gespannt, was uns erwarten würde und welche Überraschungen die „Via de la Plata" für uns bereit halten würde.

Die Anreise nach Sevilla war eintönig. Wir waren froh, als wir die ca. 740 km hinter uns gebracht hatten. Dabei stellte sich zwangsläufig die Frage, wie unser Empfinden im Angesicht der 1.000 vor uns liegenden Fußkilometer war, wenn wir bei geringerer Distanz, die wir per Auto bewältigten, schon „unpässlich" waren.

ANDALUSIEN

Brigitte und ich hatten aus unserer ersten Pilgerreise Erfahrungen gesammelt und auch unsere Lehren gezogen. So hatten wir damals, auf dem „Camino“ jeden Tag eine andere Unterkunft genommen, die meistens in dem Ort war, wo ich mein Tagesziel erreicht hatte. Logischerweise war der Zeit- und Kostenaufwand größer, hatte man doch täglich das manchmal zweifelhafte Vergnügen, morgens nicht zu wissen, wo man abends landet.

Meine „Pilgerführerin“ hatte für diese Reise eine viel bessere Idee. Sie wollte, nach gewissenhafter Suche, ein Hostal aussuchen, das in einem vernünftigen Preis-Leistungs-Verhältnis lag und dann sofort für mehrere Nächte buchen. Da blieb dann auch ein Verhandlungsspielraum, wenn es um die Übernachtungspreise ging.

Sie hatte ein hübsches, sauberes 3-Sterne-Hotel in Guillena für drei Tage im Voraus gebucht. Dieser Ort liegt ca. 22 km von Sevilla entfernt. Mit moderner Pilgertechnik ausgestattet, führte uns unser Navigationsgerät am Nachmittag ans Ziel. Wir wollten dort den kommenden Tag entspannt verbringen und uns auf den Starttag, es sollte der 13. September sein, einstimmen. Doch es kam anders.

Nachdem wir unser Zimmer gemustert und für gut befunden hatten, zog ich meine Pilgerkluft an, denn Brigitte wollte einige Fotos von mir machen. Unsere „habitacion“, wie der Spanier eine Wohnung nennt, war im Bungalowstil gebaut, also ebenerdig mit direktem Zugang zum Garten. Ich trat vor die Tür und zupfte letztmalig an meinen Rucksackgurten um für das Fotoshooting perfekt zu sein. Es war noch sehr heiß und ich blinzelte in die Sonne, als sich uns ein Mann mittleren Alters näherte. Er war sportlich gekleidet und trug ein grünes T-Shirt mit Logo des Hotels. Es könnte der Gärtner sein oder der Hotelkoch, dachte ich. Der Unbekannte blieb stehen und beobachtete, ohne etwas zu sagen, unser Treiben. Ich versuchte mit einem zögerlichen „Hola!“ Witterung aufzunehmen. Es kam ein freundlicher Gruß zurück, wobei der Beginn dieser Konversation in spanischer Sprache erfolgte und dann ins Englische überwechselte. Was wir denn hier machen würden, fragte der Hotelangestellte. Ich fand diese Frage überflüssig, denn er sah ja, dass wir den Fotoapparat nicht zum Ballspielen benutzten. Doch ehe ich ihm antworten konnte, legte Brigitte in einer Form los, wie ich es vorher nie erlebt hatte.

„Wir machen Fotos für das neue Buch, das mein Mann schreibt“, legte sie sich ins Zeug. Der ungebetene Besucher wurde neugierig und näherte sich um einen Meter der Szene. „Sein letztes Buch ist in Deutschland ein Bestseller“, haute Brigitte auf den Putz. „My husband is a famous person“, sagte sie in fließendem Englisch. Dabei sah sie mich grinsend an und zwinkerte mir zu.

Ich dachte, ich wäre im falschen Film, als ich dies hörte, schwieg und lächelte in mich hinein. Aber der Mann schien jetzt äußerst beeindruckt, kam uns mit ausgestrecktem Arm entgegen und schüttelte uns überschwänglich die Hand. Dann nahm er Haltung an und stellte sich vor. „Ich bin Luis, der Hotelmanager“, sagte er, wobei die Betonung auf seinem Titel lag.

Ob wir ein Exemplar des Buches für ihn hätten und was wir von einem gemeinsamen Foto halten würden, fragte er weiter.

Er würde dann das Bild mit dem Buch auf seine Hotelhomepage bringen, ergänzte er in leichter Erregung. Das wäre doch für uns von Vorteil und hebe das Image seines Hauses, untermauerte er seine Bitte.

Brigitte und ich verstanden uns ohne Worte, wir stimmten den Vorschlägen des Managers zu. Nachdem die Aufnahmen im Kasten waren und technisch für die Homepage aufbereitet waren, verwies Luis auf einen hoteleigenen Internetanschluss, den wir jederzeit kostenlos nutzen könnten. Auch sollten wir den Shuttlebus anfordern, wenn wir nach Sevilla gebracht werden möchten, selbstverständlich auf Kosten seines Hauses. So wurden wir unverhofft und ungewollt VIPs, zumindest für eine kurze Zeit.

Übrigens: bevor ich diese Zeilen geschrieben habe, ging ich mal auf die Homepage des Hotels. Von der „famous person" mit Buch keine Spur …

Nach einem kleinen Spaziergang und einem Nachttrunk gingen wir zu Bett. Ich hatte schon seit Ankunft eine innere

Unruhe verspürt. Das Angebot den Hotelbus nutzen zu können verstärkte meinen Wunsch, früher als geplant zu starten. Warum sollte ich den kommenden Tag nutzlos verstreichen lassen. Was ich geschafft habe liegt hinter mir, bestätigte ich mein Verlangen. Ich schüttelte Brigitte wieder wach und informierte sie über meine Absicht schon morgen den Jakobsweg in Angriff zu nehmen. Sie murmelte etwas Unverständliches in ihr Kopfkissen und schlief weiter. Ich war zufrieden mit ihrer Antwort, freute mich auf den folgenden Tag und versank in das Reich der Träume.

Am nächsten Morgen erwachte ich verhältnismäßig spät für einen Pilger, aber ich wollte ja heute nur eine kurze Distanz, sozusagen zum warmlaufen, gehen. Ich informierte meine „Chefin" nochmals, um sicher zu gehen, dass sie auch alles richtig verstanden hatte. Das gemeinsame Frühstück bestand aus Kaffee und einer Scheibe Toastbrot mit Butter und Marmelade. Meinen bereits gepackten Rucksack ergänzte ich mit ca. zwei Liter Getränke, einigen Bananen und Zuckertütchen. Für meine Pilgerkleidung begann heute der Ernst des Lebens.

An der Rezeption erkundigte ich mich nach dem zugesagten Transferbus. Man behandelte mich deutlich freundlicher als am Vortag, ich war ja schließlich eine VIP. Der Kleinbus wurde per Telefon angefordert und war innerhalb zehn Minuten vor dem Hoteleingang. Ich stieg ein und gab mein Ziel, die Kathedrale von Sevilla, an dem Fahrer bekannt. Mittlerweile war es kurz vor 12:00 Uhr. Der Fahrzeuglenker raste Richtung Stadtmitte wobei diverse Verkehrsregeln für ihn keine Bedeutung hatten.

Trotz Klimaanlage im Bus wurde mir heiß und ich war froh als dieser Trip zu Ende war. Das kam schneller als erwartet, denn der Wagen stoppte plötzlich mitten im Verkehrsgetümmel und blieb in der dritten Reihe einer Hauptverkehrsstraße einfach stehen. Ich wurde freundlich aber bestimmt aufgefordert den Wagen zu verlassen. Von einer Kathedrale war weit und breit keine Spur, auch nach genauerem Umsehen konnte ich sie nicht erblicken. Im Abfahren zeigte mir mein Chauffeur die wage Richtung. Ich musste mich durchfragen. Das war nicht gerade einfach, denn mindestens jeder Zweite, den ich fragte, war ebenfalls ortsfremd. Es war unerträglich heiß, ich war nach wenigen Minuten nass geschwitzt. Das Außenthermometer einer Apotheke zeigte 41 Grad Celsius an. Nach 50 Minuten – zu Fuß versteht sich – hatte ich die Kathedrale endlich erreicht.

Bevor ich starten konnte, wollte ich noch einen Pilgerpass für Brigitte besorgen. Ich wusste nicht genau, wo ich diesen bekam und fragte mich daher durch. Der eine zeigte in die Richtung, der andere genau entgegengesetzt. Und endlich, nachdem man mich dreimal um diverse Gebäude geschickt hatte, war ich am zuständigen Büro, jedoch hatte dieses geschlossen. Ein Schild informierte, dass zurzeit heilige

Messe war und dass man bitte nach Beendigung der Zeremonie nochmals wiederkommen möchte. Ein kurzer Blick in das Gotteshaus genügte, denn als ehemaliger Messdiener erkannte ich sofort, die haben gerade erst angefangen das heißt ca. 40 Minuten Wartezeit. Somit beschloss ich auf Brigittes Pilgerpass zu verzichten.

Wichtig und unbedingt erforderlich war ein Stempel von Sevilla für meinen Pilgerausweis, damit ich dokumentieren konnte, dass ich in Sevilla gestartet war. Normalerweise hat jedes Geschäft und jede Bar am „Camino" einen solchen „Sello". Aber bei drei Versuchen erhielt ich jedes Mal einen Korb. Ein Pferdekutscher gab mir den Tipp es im Tourismusbüro zu versuchen und fuchtelte mit seiner Peitsche in der Luft herum. Die Richtung, die er meinte, durfte ich mir aussuchen. Nach weiteren 20 Gehminuten hatte ich das Büro gefunden.

Erleichtert winkte ich mit meinem noch jungfräulichen Pass und war mir sicher, den Stempel sofort zu bekommen. Die junge Dame hinter dem Schalter nahm das Dokument in die Hand und schaute es beidseitig an, wobei sich ihre Pupillen in Fragezeichen verwandelten. Ob sie wohl rätselte aus welchem Staat ich kam? Eine Kollegin kam ihr zu Hilfe und setzte einen schönen, grünen Stempel in meinen Pilgernachweis. Ich hatte endlich was ich wollte.

Es waren inzwischen anderthalb Stunden vergangen, laut Schrittzähler hatte ich auch schon 4,1 km hinter mir, aber auf dem Jakobsweg war ich immer noch nicht. Ich suchte nach Informationspunkten, die mir helfen sollten, den Einstieg in die Via de la Plata zu finden. Wo waren die gelben Pfeile? Ich sah sie nicht oder es gab gar keine. Mittlerweile war es fast 14:00 Uhr geworden. Die Sonne brannte rücksichtslos auf meinen Kopf. Eine Kopfbedeckung wollte ich noch nicht aufsetzen.

Ich begann nach ortskundigen Menschen zu suchen und hatte nur Teilerfolge, denn es gab die völlig unwissenden, die vom Jakobsweg noch nie gehört hatten und die Typen die

„meinten“ etwas zu wissen. Die letzteren waren mit großer Vorsicht zu genießen, denn es bestand eine akute Gefahr der Fehlinformation. Was ich brauchte, waren Leute, die Bescheid wussten. Die fand ich dann endlich in Form einer Gruppe Personen, die in einem leuchtenden Orange gekleidet waren, Müllmänner. Sie zeigten mir die Richtung, die ich einschlagen musste, um aus dem Straßengewirr des Stadtzentrums heraus zu kommen.

Von Pfeilen oder Muschelsymbolen keine Spur. Ich musste vorsichtig sein, denn ich war ja zu Fuß und jeder Schritt zählt. Ich hatte den Jakobsweg schon „dicke“, bevor es richtig los ging. Keiner der Passanten, die ich fragte, konnten mir eine befriedigende Antwort geben. In meiner Not ging ich in ein Restaurant, in der Hoffnung, dort qualifizierte Informationen zu erhalten, aber der gleichgültig scheinende Mensch hinter dem Tresen zuckte nur die schultern und deutete mir, „die Mücke zu machen“.

Ich war richtig sauer, als ich auf die von Menschen wimmelnde Straße zurück trat. Wie ein Schatten tauchte plötzlich ein Mann neben mir auf, den ich im Restaurant, an einem der vorderen Tische sitzend, gesehen hatte. Was ich denn wollte, fragte er mich freundlich. Ich war misstrauisch, denn warum unterbricht ein Gast sein Essen, um einem dummen Touristen zu helfen. Ich erklärte ihm, dass ich ein Pilger auf dem Weg nach Santiago de Compostela sei. Es prasselte ein Redeschwall auf mich nieder, dass mir Hören und Sehen verging. Das war meine erste Begegnung mit der Feurigkeit der Andalusier. Ich verstand so gut wie nichts, nur das Wort „camas“ wiederholte sich mehrfach. Aus meinem spanischen Wortschatz wusste ich, dass „cama(s)“ soviel wie Bett(en) heißt. Jetzt war mir klar, was der Fremde wollte. Er versuchte, mir ein Zimmer/Bett für die Übernachtung anzudrehen. So plumpe Verkaufsmethoden hatte ich allerdings nicht erwartet. Ich lehnte ab, indem ich erklärte, dass ich keine Unterkunft brauche und wollte weitergehen. Er aber legte seine Hand auf meine Schulter und begann erneut, auf mich einzureden. Ich war wütend und musste aufpassen, nicht auszurasten. Da geht der Kerl mir doch an die Wäsche, dachte ich. Wenn es wenigstens eine langhaarige, dunkeläugige Andalusierin gewesen wäre, ergänzte ich gedanklich und vergaß für einen Moment die Situation. „Camas, camas" hörte ich wieder schrill in meinen Ohren und ich musste die in meinem Kopf befindliche spanische Schönheit vergessen.

Neu an den Erklärungen des Bettenvermittlers war, dass er auf ein großes Schild zeigte, das ca. 100 m entfernt über der Straße hing. Dort stand auf weißem Grund in schwarzen Buchstaben das Wort „CAMAS". Ich schäme mich heute noch für meine Blödheit, denn jetzt hatte ich begriffen. CAMAS war der Name eines Ortes. In diese Richtung sollte ich gehen, um auf die VIA zu kommen. Ich lachte den Mann dankend an und ihm war seine Erleichterung anzusehen. Mit einem schlechten Gewissen, dass die Mahlzeit des Helfers jetzt kalt sein wird, schlich ich mich weiter. Wohin? Natürlich in Richtung CAMAS!

Die Verkehrsdichte auf den Straßen und Bürgersteigen nahm merklich ab, dafür nahmen die gelben Pfeile, die die Richtung des „Caminos" anzeigten, zu. Über eine Brücke überquerte ich den Fluss Guadalquivir und verließ die Stadt Sevilla. Nach dem hohen Geräuschpegel der Großstadt genoss ich die Ruhe, als ich am Ufer des Flusses vorbeiging und erstmalig auf dieser Tour eine Piste unter den Schuhsohlen spürte.

Nach kurzer Zeit nahm ich meinen Rucksack von der Schulter, gönnte mir einen kräftigen Schluck aus der Trinkflasche und verwöhnte mich mit einer Banane. Das Handy klingelte. Es war Brigitte, die wissen wollte wie es mir ging und wie weit ich heute noch laufen wolle.

Eine weitere negative Erfahrung aus der ersten Pilgerreise wollten wir nicht wiederholen. Wir hatten damals nur ein Handy bei uns, was ein spontanes Zusammentelefonieren unmöglich machte. Zur Aufrechterhaltung des „Pilgerfunkes" hatten wir uns zwei Handys des gleichen Modells gekauft. Diese konnte man so programmieren, dass man lediglich eine dreistellige Nummer eintippen musste, um das jeweils andere Gerät in Aktion zu setzen. Das war nicht nur praktisch, sondern auch äußerst kostengünstig, der Tarif lag bei nur drei Cent pro Minute.

Obwohl ich ziemlich schlapp war – denn die Hitze war fast unerträglich geworden und meine Parkinson-Medikamente lagen im Hotelzimmer– berichtete ich der Anruferin, dass alles in Ordnung sei und ich auch bald Schluss machen würde. Ich hatte ja auch vergessen, dass ich den heutigen Tag nur zum „Einrollen" nutzen wollte, und es keinen Sinn machte den Motor zu überhitzen.

Nach 14.1 km war Schluss für heute. Aller Anfang ist schwer, doch er war geschafft.

Am nächsten Morgen war die Nacht um 06:00 Uhr zu Ende. Ich hatte gut geschlafen und freute mich auf den vor mir liegenden Tag. Schon nach den wenigen Kilometern war mir klar geworden, dass dieser „Camino" schwieriger werden würde als ich im Vorfeld gedacht hatte. Aber das schadete meiner guten Stimmung nicht und ich begann mit dem alltäglichen Pilgerritual. In meiner gestrigen Begeisterung hatte ich ganz vergessen, meine Füße auf den langen Weg vorzubereiten. Das war nicht nur dumm von mir, sondern auch grob fahrlässig. Die beiden waren meine wichtigsten Verbündeten und mussten bei Laune gehalten werden. Ich nahm mir deshalb besonders viel Zeit, die Laufwerkzeuge gewissenhaft mit Hirschtalgcreme einzufetten und die empfindsamen Stellen mit einem Spezialpflaster abzukleben.

Mein blonder Engel gab mittlerweile auch die ersten Lebenszeichen von sich, sodass einem pünktlichen Start nichts mehr im Wege stand. Die Pünktlichkeit hatte nichts mit der Uhrzeit zu tun, sondern die Natur regelte dies durch die aufgehende Sonne, die die Dunkelheit vertrieb. Wir fuhren mit unserem Auto exakt an die Stelle, an der ich gestern geendet hatte. Die Herausforderung konnte beginnen.

Dass sich mein Gesundheitszustand in den letzten zwei Jahren verschlechtert hatte, merkte ich auch jetzt auf der Piste. Ich benötigte nahezu eine Stunde, um einen vernünftigen Laufstil aufzubauen. Parkinson diktierte mir auf den ersten ein bis zwei Kilometern die typischen Trippelschritte. Es war so, als wäre zwischen meinen beiden Oberschenkeln ein Gummiband gespannt, das die Beine daran hinderte, größere Schritte zu machen. Mithilfe meines Wanderstockes und einer selbst erfundenen Zähltechnik schaffte ich es, die Schrittlänge zum Positiven zu verändern. Das kostete mich aber eine Menge Nerven- und Konzentrationskraft. Ein weiteres Problem hat der an Parkinson Erkrankte durch ein erhöhtes Risiko zu stürzen. Diese Sturzgefahr musste ich unbedingt reduzieren bzw. versuchen, sie gänzlich auszuschalten. Ein Sturz konnte von einer Sekunde zur anderen das gesamte Projekt (im wahrsten Sinne des Wortes) zu Fall bringen.

Es war heute etwas kühler als gestern. Trotzdem schwitzte ich schon nach kurzer Zeit. Der landwirtschaftliche Weg, den ich beging, war staubtrocken. Jeder Schritt wirbelte die Erde auf und meine Beine nahmen bald die rötliche Farbe des Bodens an. So war es nicht verwunderlich, dass ich in wei-

ter Ferne eine große Staubwolke bemerkte, die schnell näher kam. Die Umrisse eines Fahrzeuges wurden sichtbar, es war ein in die Jahre gekommenes, S-Klasse-Modell eines bekannten deutschen Automobilkonzerns. Aus wettbewerbsrechtlichen Gründen verweise ich einzig auf den Stern, der sich vorne auf der Motorhaube befand – so bleibt die Automarke anonym. Ich registrierte, dass der Wagen in Sevilla zugelassen war. Das Fahrzeug überholte mich zügig und ich verlor es aus den Augen. Dies lag jedoch nicht an einer möglichen Sehschwäche, sondern an der Staubwolke, die mich einhüllte. „Penner! Kannst du nicht ein bisschen rücksichtsvoller fahren?", schimpfte ich lautstark in den Dunst hinein.

Umso überraschter war ich, als der Wagen aus der Staubwolke wieder auftauchte. Er hatte angehalten und parkte ca. 150 m entfernt. „Jetzt hat ihn wohl das schlechte Gewissen geplagt", vermutete ich und ging nach einem kurzen Hustenanfall weiter. Der Fahrer kurbelte die Scheibe herunter. Er wartete damit bewusst so lange, bis er nichts von dem Staub abbekam, der noch in der Luft lag. Ich erwartete jetzt eine Entschuldigung, aber wie naiv musste ich denn sein, dies auch nur zu vermuten. Wo ich denn hin wolle, kam die unerwartete Frage. „Nach Santiago", antwortete ich sichtlich frech und ergänzte, dass ich Pilger sei. Der Mann schien verblüfft und beeindruckt zugleich, denn er stieg aus dem Fahrzeug und musterte mich wie einen Hengst auf der Pferdeauktion. Ich hielt seinem Blick stand. Er trug einen schwarzen Lederhut auf seiner ebenfalls schwarzen Haarpracht. Ton in Ton ist ja zurzeit Mode, dachte ich ironisch. In seinem dunkelbraunen Gesicht saßen zwei schwarze Augen, die Kohlestückchen ähnlich sahen. Die Person war das Ebenbild eines Zigeuners. „Nach Santiago? Immer den gelben Pfeilen nach! „Adios y buen camino", sagte er unaufgefordert, setzte sich wieder in sein Auto und fuhr weiter.

Nach ca. 100 m stoppte er wieder, stieg erneut aus, öffnete den Kofferraum, griff hinein und warf mir einen vergammelten Hut zu. „Es wird heiß heute, Du solltest eine Kopfbedeckung tragen", belehrte er mich. Gott sei Dank hatte ich meine eigene Kappe dabei, denn ich wollte das Läusenest nicht aufsetzen. Mit einem ehrlichen „Gracias!" gab ich ihm den Hut zurück. Ich war erstaunt und verzieh ihm sogar die Staublawine. Der Mann entfernte sich wortlos, stieg wieder in sein Auto und fuhr fort. Ich sollte ihm am nächsten Tag noch einmal begegnen.

Ich marschierte nachdenklich weiter. Durch den unerwarteten und unerwünschten Stopp hatte ich meinen Laufstil wieder verloren und begann erneut mit der Suche nach der richtigen Schrittlänge.

Ich hatte mir in der Vorbereitungsphase die zu bewältigende Strecke und das Streckenprofil, also die Höhenunterschiede, genau angesehen. Hierbei kam ich zu der Erkenntnis, dass es bei meiner Belastungsfähigkeit wenig Sinn machte, an den verschiedenen Tagen unbedingt einen bestimmten Ort zu erreichen, denn die im Reiseführer empfohlenen Tagesdistanzen waren, zumindest teilweise, für mich eine Nummer zu groß.

Nach langem Hin und Her machte ich es mir einfach und formulierte für mich zwei Ziele: Erstens bis spätestens 31. Oktober (2009) in Santiago sein und zweitens in höchstens 50 Tagen die Strecke zu bewältigen. Das ergab eine durchschnittliche Tagesleistung von ca. 20 km.

Es war mir klar, dass ich meine Kräfte sorgfältig einteilen musste und auch dann das Pensum beenden sollte, wenn ich noch Kraftreserven verspürte. Solche Ausrutscher wie das Rennen gegen Pierre, dem Franzosen auf dem ersten „Camino“ konnte und durfte ich mir nicht leisten. Ich rechnete auch damit, dass ich auf den Bergetappen, die über hohe Pässe führten, die 20 km nicht schaffen könnte. Außerdem wollte ich diesen Jakobsweg ohne Ruhetag bezwingen. Doch all diese Ziele und Wünsche konnte ich nur dann realisieren, wenn „mein Freund Parkinson“ damit einverstanden war.

Das alles ging mir durch den Kopf und ich übersah fast die wunderschönen, weiten Baumwollfelder die rechts des Weges lagen.

Erste Telefonanrufe aus Deutschland und der Schweiz zeigten mir, dass man mich noch nicht vergessen hatte.

Ein prüfender Blick auf meinen Schrittzähler sagte mir, dass ich in Kürze meine Tagesration an Kilometern „verspeist“ hatte. Ich nahm mein Handy aus dem Bauchgürtel und forderte mein Privattaxi an. Ein strahlendes Begrüßungslächeln meiner Chauffeurin Brigitte war der schönste Lohn an diesem zweiten Pilgertag.

In der darauffolgenden Nacht wurde ich durch ein Geräusch geweckt, das mir fast unbekannt geworden war. Es war

heftiger Regen, der auf das Dach unseres Bungalows prasselte. Obwohl ich noch nicht ganz wach war, fing mein Gehirn an über die Konsequenzen nachzudenken und suchte in der Vergangenheit. Da wurden Erinnerungen aus dem Baskenland wach. Hier war ich damals viele Tage durch Schnee und Regen gelaufen und hatte Bekanntschaft mit schlammigen und unter Wasser stehenden Jakobswegen machen müssen. Damit hatte ich im heißen Süden Spanieniens nicht gerechnet.

Aber der Wettergott hatte ein Einsehen und am Morgen war der Himmel wieder blau und die Sonne begrüßte ihren Pilger. Da wir an diesem Tag unser Hotel wechselten, verabschiedeten wir uns von Luis, dem Hotelmanager per Handschlag. Ich schaute ihm dabei in die Augen. Ob er wohl schon wusste, dass ich gar keine so berühmte Person war?

Ich begann zu laufen, wo ich gestern aufgehört hatte. Da ich keinen Muskelkater und keine Probleme mit den Füßen hatte, war ich wieder gut drauf und nahm zügig Fahrt auf.

Die gelben Richtungspfeile waren stellenweise recht dürftig vorhanden und teilweise so versteckt, dass man sie suchen musste. So ging ich auf eine Brücke zu, die wohl noch im Bau war, denn es lagen Baumaterialien mitten auf dem Weg. Ich begann mich umzuschauen und gelbe Pfeile zu suchen als ich ein kräftiges „Hola, buenos dias“ hörte. Ich war etwas verwirrt und wusste nicht, vorher die Stimme kam. Ich drehte mich um meine eigene Achse, aber es war niemand da. Erst ein sich bewegender Schatten lenkte meinen Blick auf IHN. Es war der Mann mit dem Hut aus dem S-Klasse-Fahrzeug. Er hatte wohl beobachtet, dass ich mir über die Wegführung unschlüssig war und zeigte auf eine Böschung hinauf. Dabei wechselten seine Arme ständig zwischen mir und einem Trampelpfad, der nach oben führte. Ich wollte eigentlich einen anderen Weg geradeaus nehmen, ließ mich aber durch die Heftigkeit seiner Gesten, die keinen Widerspruch duldeten, beeinflussen und stieg den kleinen Hang hinauf. Hier führte eine kleine asphaltierte Landstraße in das nächste Dorf. Der Unbekannte begleitet mich ein Stück ohne etwas zu sagen, er lächelte nur leicht. Mir wurde es etwas mulmig, zumal weit und breit keine Menschenseele zu sehen war.

Am Straßenrand parkte sein Wagen, in dem drei kleine Kinder saßen und offensichtlich auf den Mann warteten. War er der Vater? Kurz bevor wir das Fahrzeug erreichten, gab er mir ein Zeichen, ich möge warten. Seltsamerweise gehorchte ich und blieb stehen. Der Schwarzhaarige ging zu seinem Auto und öffnete den Kofferraum. Ich fasste mir an den Kopf, ich wusste was jetzt kam, denn ich trug keine Kopfbedeckung. Der Mann beugte sich in das alte Vehikel, um, wie ich erwartete, mir wieder seinen versifften Hut anzubieten. Aber ich täuschte mich gewaltig! Wie einen Pokal überreichte er mir eine gut gekühlte Dose Orangenlimonade, schloss den Kofferraum, stieg in seinen Wagen, rief mir ein „buen camino" zu und fuhr weg. Die Kinder winkten mir aus dem Auto zu und schenkten mir ihr jugendliches Lächeln.

Mich beschäftigte das Erlebte noch sehr lang und ich bemerkte gar nicht, dass ich sehr zügig vorankam. Erst der ungewöhnliche Anblick einer blühenden Kakteenansiedlung ließ mich in die Gegenwart zurückfinden.

Am Nachmittag, ich hatte mein Laufpensum für heute erfüllt, traf ich mich mit Brigitte in einem kleinen Dorf. Wir hatten uns draußen auf der Straße vor eine Bar gesetzt, genos-

sen die warme Sonne und tranken „café con leche", also Kaffee mit Milch. Wir tauschten unsere Tageserlebnisse aus, als ein Taxi rückwärts genau vor unserem Tisch einparkte. Der Fahrer nahm offensichtlich keine Notiz von uns, sondern spielte noch ein wenig mit dem Gaspedal. Wir erhielten eine volle Abgasladung, kostenlos. Der Taxifahrer ging an uns vorbei, ohne uns wahrzunehmen. Offensichtlich war ihm seine Rücksichtslosigkeit überhaupt nicht bewusst. Ich rief ihm ein ironisches „Gracias!" zu, doch er reagierte nicht.

Nach einigen Minuten ging ich in die Bar, um mir meinen Stempel für die „credencial de peregrino", so die offizielle Bezeichnung für den Pilgerpass, abzuholen. Der Taximensch lehnte am Tresen und bemerkte wohl an meinem Akzent, dass ich aus Deutschland war. Überraschenderweise sprach er mich in einem gebrochenen, aber gut verständlichen Deutsch an. Er berichtete von seiner langjährigen Gastarbeiterzeit in der Automobilindustrie, ich glaubte den Namen Opel verstanden zu haben. Da ich Brigitte nicht warten lassen wollte, bat ich den Spanier, mit an unseren Tisch zu kommen. Er kam zwar mit nach draußen, setzte sich aber nicht, sondern lehnte sich an den Türrahmen der Bar.

Es entwickelte sich eine muntere Unterhaltung, die für uns gleichzeitig eine Lehrstunde der besonderen Art war. Wir erlebten einmal hautnah, wie der spanische Bürger empfindet, wenn seine wirklich schöne Sprache durch Ausländer entstellt wird. Uns ging es nämlich genauso, als wir unserem neuen Freund und seinen Deutschkenntnissen zuhörten. Der Leser möge dies nicht als arrogante Kritik verstehen, sondern als unser eigenes sprachliches Unvermögen im Umgang mit einer Fremdsprache werten.

Die Zeit des Aufbruchs war gekommen und wir verabschiedeten uns herzlich voneinander. Wir waren schon einige Meter weg, fast außer Rufweite, als uns der Taxifahrer durch lautes Hupen und Handzeichen andeutete, kurz zu warten. Er öffnete hastig seine Autotür und beugte sich hinein. „Jetzt gibt es wieder eine Dose Limonade als Entschuldigung für die Abgaswolke", brummelte ich vor mich hin. Aber nein, er drückte mir ein Marienbild in die Hand und gab mir zu verstehen, ich möge die Madonna mit auf meinen weiteren Pilgerweg nehmen, sie würde mich beschützen. Er setzte noch ein „buen camino" hinzu und ging, ohne unsere Antwort abzuwarten. Brigitte und ich sahen uns sprachlos an. Wir waren beeindruckt und berührt zugleich.

Wir schauten beide mit einer gewissen Ehrfurcht auf das kleine Hochglanzbild. Es zeigt vor einem roten Hintergrund eine kleine Madonnenfigur, die auf einem Podest steht. Ich steckte das Bild noch am gleichen Abend zu meinem Pilgerpass um sicher zu sein, dass ich es bei mir trug. Ob es wohl zu meinem Schutz beitragen würde? Ich habe dieses Geschenk heute noch und werde es auch zukünftig in Ehren halten.

Was sind die Andalusier doch für bemerkenswerte Menschen. „Harte schale, weicher Kern!"

Brigitte wollte eigentlich auch noch etwas vom Tagesgeschehen berichten, aber dies passte nicht so recht in diesen feierlichen Moment. Sie sollte noch ausreichend Gelegenheit dazu haben.

Bei strahlendem Sonnenschein begann meine heutige Pilgertour. Es hatte den Anschein, dass sich die Natur von ihrer besten Seite zeigen wollte. Das konnte ich verstehen, denn ich durchwanderte heute Teile des PARQUE NATURAL SIERRA NORTE, einem wunderschönen Naturpark. Nun bin ich von meinem Naturell her kein Mensch, der sich angesichts der malerischen Schöpfung in emotionalen Ausbrüchen ergießt. Aber in dieser Umgebung lohnte es sich schon, genauer hinzuschauen. Die Vielfalt der Bewaldung und der Pflanzenwelt war beeindruckend. Es gab urwaldähnliche Abschnitte und es folgten plötzlich größere Lichtungen mit kleineren Seen bzw. Wasserstellen für die Tiere. Friedlich und ohne jede Scheu hatte sich eine Gruppe herrlicher Pferde eingefunden, um ihren Durst zu löschen. Ein Hirsch sprang mit großen Sätzen über das offene Gelände, um sofort wieder im Schutz der Bäume zu verschwinden.

Und endlich sah ich sie, zum Anfassen nahe, die Geschöpfe, die ich bisher nur aus der touristischen Werbung oder von Speisekarten guter Restaurants kannte: Die berühmten schwarzen Schweine Spaniens! Diese Tiere leben fast wie in freier Natur, obwohl sie von Schweinebauern gezüchtet werden. Ihre schwarze Hautfarbe haben sie nicht etwa von einem täglichen Sonnenbad, auch nicht weil es ihnen besonderen Spaß macht, sich im schwarzen Schlamm zu wälzen, nein, es kommt von ihrer Ernährung. Sie fressen überwiegend die Eicheln der Steineiche. Ihr Fleisch gilt als außerordentlich schmackhaft. Ich wollte es unbedingt probieren, was sich jedoch als nicht so einfach herausstellte.

Dieses Fleckchen Erde hat mich so begeistert, dass ich mit Brigitte am Nachmittag nochmals einen Teil der Strecke gelaufen bin, um ihr dies alles zu zeigen.

Dabei machte sich noch eine andere Tierart auf sehr unangenehmer Weise bemerkbar: FLIEGEN. Sie umkreisten mich plötzlich in großer Zahl, es mögen Hunderte gewesen sein, die mich in einer aufdringlichen und hartnäckigen Weise belästigten und mich zunehmend wütender machten. Ich hatte zunächst keine Erklärung für dieses Verhalten und schlug wild um mich. Anscheinend riefen die Plagegeister ihre Artgenossen zu Hilfe, denn es kamen immer mehr. Ich schaute an meinem Körper herunter und dann klärte sich das Geheimnis auf. Ich trug noch immer meinen Bauchgürtel, der auch meine Trinkflasche beherbergte. Der Trinkverschluss hatte sich geöffnet und bei jedem Schritt tröpfelte köstlicher, frischer Apfelsaft aus der Flasche und lief am Flaschenkörper herab. Der Duft des Getränkes muss die Insekten angezogen haben, sprichwörtlich „wie die Fliegen“.

Während des Tages hatte Brigitte in ALMADEN DE LA PLATA eine kleine Wohnung für drei Tage angemietet. Obwohl wir uns nach eigener Kost sehnten, (die Wohnung hatte eine komplett ausgestattete Küche) gingen wir auf die Jagd nach dem Fleisch des schwarzen Schweins. Leider ohne Erfolg, denn in keinem Restaurant und in keiner Bar wurde diese Köstlichkeit angeboten. Selbst in dem einzigen Supermarkt der Gemeinde, der seinen Namen nur verdiente, weil er super klein war, gab es das „cerdo iberico" nicht. Entnervt gaben wir auf und kauften etwas Essbares für den Hunger. Es wurde ein wunderbarer Abend mit privater Köchin und allem was dazu gehört. Pilgern kann so schön sein!

Später meldete sich unser Handy. Der erste Anruf von Gisela aus dem Internetforum. Sie erkundigte sich, wie es denn gehe, sprach mir Mut zu und versicherte, sich wieder zu melden.

Meinen Parkinson hatte ich heute vergessen. Die Krankheit gönnte mir einen Ruhetag.

Am nächsten Morgen war ich schon früh wach und schaute aus dem Fenster unseres Puppenstübchens. Obwohl es noch dunkel war, konnte man eine geschlossene Wolkendecke vermuten. Zwei Stunden später nahm ich meine heutige Herausforderung an und setzte mich in Bewegung. Ich hatte recht behalten, der Himmel war grau in grau und es war deutlich kühler als am Morgen des Vortages.

Hätte die Sonne nicht doch wieder die Oberhand gewonnen und wäre ich an diesem Tage nicht drei Pilgern (immerhin drei) auf der Strecke begegnet, so wüsste ich nichts Nennenswertes zu berichten, wenn, ja wenn da nicht die beiden

Begegnungen mit uns völlig unbekannten Menschen gewesen wären.

Ich meinte mich erinnern zu können, dass ich mich mit Brigitte in dem Ort EL REAL DE LA JARA verabredet hatte um gemeinsam einen Kaffee zu trinken. Dank unseres Pilgerfunkes hatten wir keine Probleme, uns zu finden. Wir betraten zielstrebig eine Bar. Sie machte einen sehr schmuddeligen Eindruck. Wie in vielen Bars in Spanien üblich, lag vor dem Tresen auf dem Boden der gesamte Unrat des bisherigen Tages. Auch die wenigen Tische hätten sich über ein wenig Zuneigung in Form eines Reinigungstuches bestimmt gefreut. Es waren nur wenige Gäste, alles Männer, anwesend, die aber einen Lärm machten, als wäre der komplette Löschzug der freiwilligen Feuerwehr zum Feuerwehrball eingekehrt.

Wir schauten uns an und wollten wieder gehen, aber der Wunsch nach einem frischen, heißen Kaffee war größer. Während ich meinen Rucksack von den Schultern wuchtete, war Brigitte bereits in Richtung Theke unterwegs. Ohne Furcht durchbrach sie die Mauer der Spanier und bestellte den Kaffee. Die Wartezeit nutzten die stolzen „Hengste“ um die unbekannte „Stute“ zu begutachten. Einem der Beteiligten war diese Situation peinlich. Der Mann war ca. Mitte vierzig, hatte eine positive, freundliche Ausstrahlung und sprach uns überraschenderweise auf Deutsch an. Ob wir aus Deutschland kämen, fragte er. Unser „Ja“ schien ihn zu erleichtern, denn er erzählte uns, dass er in Düsseldorf wohne und dort arbeite. Da bekam ich, als gebürtiger Düsseldorfer natürlich lange Ohren und fragte ihn, wo und für welche Firma er tätig sei. Er nannte den Namen des Betriebes und den Ortsteil Derendorf. War es ein weiterer Zufall (?), denn in diesem Teil der Landeshauptstadt hatte ich meine Lehrzeit absolviert. Es entwickelte sich ein lockeres Gespräch bei einigen Tassen Kaffee, das mit einer herzlichen Verabschiedung endete. Wir verließen die Bar unbehelligt. Die „Hengste“ hatten ihr Interesse längst verloren.

Wir waren nur wenige Meter über den schmalen Bürgersteig gelaufen, als eine ältere Dame plötzlich aus der Tür ihres Hauses trat und uns „die Vorfahrt nahm“. Wir konnten nur knapp einen „Crash“ vermeiden, trotzdem brachten wir ein freundliches „buenos dias“ über unsere Lippen. Die sehr gepflegt erscheinende Señora erwiderte sofort unseren Gruß und fragte, ob wir auf einer Pilgertour wären. Ich gab ein klares „si“ zur Antwort und ergänzte „nach Santiago de Compostela“. Brigitte fing ein Gespräch auf Spanisch an. Ich dachte, ich höre nicht recht, denn die Konversation war erstaunlich gut. Binnen weniger Minuten hatten die beiden ihre Lebensgeschichten ausgetauscht. Ich war außen vor und beschäftigte mich mit meinem Rucksack.

Die Spanierin, sie hieß Rosa, erzählte, dass sie vor kurzem eine dramatische Herzoperation überlebt habe und seitdem an Medikamente gebunden sei. Es ging ans Verabschieden, als das für spanische Verhältnisse Unfassbare passierte: Rosa trat Brigitte einen Schritt näher, legte ihre Arme um sie, zog sie fest an sich heran, gab ihr einen herzlichen Kuss und wünschte alles Gute. Völlig verblüfft hauchte ich ein „Adios!“ und warf meinen Rucksack auf den Rücken. Ich lebe nunmehr seit 15 Jahren in Spanien, aber ich habe nie zuvor vonseiten eines Einheimischen eine solch emotionale Reaktion gesehen, die im Grunde einer völlig fremden Person galt.

Unser Pilgertag war zu Ende und wir fuhren in unsere Wohnung zurück. Gerne hätten wir die Fahrzeit zum Nachdenken genutzt, aber unser Navi führte uns 14 km über eine sehr enge und kurvenreiche Bergstraße. Diese Straßenverbindung war mit Schlaglöchern versehen, die so groß und tief waren, dass ein Kleinwagen Gefahr lief hineinzufallen. Eine Seitenbefestigung oder gar Leitplanken gab es nicht. Es passten nur mit Mühe und Not zwei Fahrzeuge im Gegenverkehr nebeneinander.

Wir waren froh, als wir unser Ziel endlich erreicht hatten. Zufrieden bereiteten wir uns auf den kommenden Tag vor.

Die Grenze zur Extremadura lag vor uns.

„Adios Andalusien", es war schön bei dir zu Gast zu sein.

EXTREMADURA

Am heutigen Tag, es war der 17. September, sollte ich hautnah miterleben, wie dicht der Tod und das Leben zusammen liegen können und wie eng Freud und Leid beieinander sind.

Da wir Probleme damit hatten, unsere mittlerweile geliebte Wohnung im „casa rural“ zu verlassen, einigten wir uns darauf, noch eine Nacht hier zu verbringen. Es ist wirklich erstaunlich, wie schnell man sich an eine neue Umgebung gewöhnt, wenn das Umfeld stimmt.

Das hatte zur Folge, dass wir nochmals über diese Höllenstraße fahren mussten, um wieder dorthin zu kommen, wo ich gestern meine Pilgerei beendet hatte. Brigitte, eine absolut sichere Fahrerin, wirkte an diesem Morgen verkrampft, zumal stellenweise Nebel auftrat, der diese unübersichtliche Holperstrecke noch unangenehmer machte. Waren uns gestern Gottlob keine Fahrzeuge entgegen gekommen, so rasten heute zwei alte Rostlauben an uns vorbei, als wären wir auf einer gut ausgebauten Nationalstraße. Uns blieb fast das Herz stehen, und wir machten drei Kreuze als diese Tortur vorüber war.

Zwei kleine Ereignisse waren es, die mein Pilgerherz wieder höher schlagen ließen. Zum Ersten erreichte ich heute die Grenze zur EXTREMADURA und zum Zweiten sollte ich im Laufe des Vormittages 100 km der Gesamtstrecke hinter mich lassen, wenn alles gut ging. Zu diesem „Ereignis“ hatten wir extra von zu Hause eine Flasche Sekt mitgebracht und wollten diese zur Feier des Tages am Abend gemeinsam leeren. Dass wir den guten Tropfen nach Beendigung der Reise ungeöffnet wieder in den heimischen Kühlschrank stellen würden, konnten wir zu diesem Zeitpunkt nicht ahnen.

Wäre nicht im Pilgerführer die Stelle genau beschrieben worden, so hätte ich gar nicht bemerkt, die „Kornkammer" Spaniens betreten zu haben. Lediglich ein kleines Schild an einem Haus gab Auskunft darüber. Ich war echt gut dabei, nur mein Parkinson machte mir heute besonders große Schwierigkeiten, die Balance und den richtigen Schritt zu finden. Ich machte mir Sorgen, denn es lagen ja noch 900 km vor mir.

Mein Handy meldete sich. „Ja, mein Schatz was gibt's?", sprach ich in das kleine Wunderding. „Hier ist Gisela vom Internet-Forum, guten Morgen Karl-Heinz", tönte es unerwartet zurück. Gott, war mir das peinlich, zumal Giselas Mann Herby über den Lautsprecher mithörte. Ich kannte die Dame kaum und dann „Ja, mein Schatz". Entweder hatte sie dies nicht mitbekommen oder sie ging mit weiblicher Diplomatie über diese Szene hinweg. Meine Gesprächspartnerin fragte mich, wie es mir ging, wo ich zurzeit sei und ob alles okay sei. Ich beantwortete alle ihre Fragen, während ich weiterlief. Dabei merkte ich, wie gut dieses Telefonat mit Gisela meiner Seele tat. Es war unglaublich: Menschen, die ich nur flüchtig kennengelernt habe, interessierten sich für mich und mein Projekt. Das gab mir einen zusätzlichen Motivationsschub und ich rannte fast mit neuer Kraft in die Extremadura hinein. Mein Parkinson war zumindest für heute vergessen.

Ich genoss die Luft meiner neuen Umgebung und lief ohne weitere Probleme einige Kilometer über einen landwirtschaftlichen Weg, der dann an der Nationalstraße 630 endete. Ich brauchte einige Minuten, um mich zu orientieren, bis ich einen Hinweis gefunden hatte, in welche Richtung ich weitergehen sollte. Es ging ein kleines Stück über eine asphaltierte Straße, die in ein Waldstück führte. Schon weit vor Erreichen der ersten Bäume hörte ich ein fiependes Geräusch, das ich nicht zuordnen konnte. Es hatte auch keine Bedeutung für mich und ich ging zügig weiter. Die unbekannten Töne wurden geräuschvoller und weckten meine Neugierde. „Wird wohl ein Vogel sein, der andere Waldbewohner vor dem nahenden Eindringling warnt", dachte ich. In das Fiepen mischten sich jetzt Hundelaute, die nicht normal erschienen, es war mehr ein Gemisch aus Knurren und hektischem Kläffen. Ich hatte recht, denn ich sah sie, zwei große, aber abgemagerte Mischlinge mit ihrem ungepflegten, hellbraunen Fell, die offensichtlich an etwas herumzerrten. Obwohl ich keine Angst vor Hunden habe, fasste ich meinen Stock fester und ging entschlossen den mir vorgegebenen Weg weiter. Das Geräusch war immer noch vorhanden, jetzt aber mit Unterbrechungen. Die beiden, offenbar wilden Hunde hatten wohl Respekt vor mir, denn sie zogen sich mit schrecklichen Heultönen in den Wald zurück.

Das Problem schien somit gelöst, vermutete ich und lockerte meinen Griff um den Stock wieder. Nach wenigen Schritten betrat ich den Waldweg. Und da war es wieder, der Laut. Er kam wohl von einem Tier, aber diese Tierstimme war mir vorher nie ins Ohr gedrungen. Der Weg war mit einem Drahtzaun von meiner Piste abgetrennt. Aufgeschreckt durch ein Rascheln und ein gequältes Fiepen, schaute ich nach rechts und – mir wurde ganz heiß – sah ein Reh auf dem Boden liegen. Das Tier, normalerweise recht scheu, schaute mich mit seinen großen, dunklen Augen an, als wollte es mich etwas fragen. Ich ging an den Zaun heran und bemerkte die schweren Verletzungen. Beide Hinterläufe bluteten stark, das Fell hing stellenweise wie abgerissen am Körper herab. Mir kamen direkt die beiden Hunde in den Sinn, die wohl das Reh angegriffen und so schwer verletzt hatten. Ich hatte die beiden bei der „Vollendung" ihrer Tat gestört. Ich war mir sicher, dass sie in der Nähe waren und ihre Beute nicht kampflos hergeben würden.

Was konnte ich tun? Das Reh musste schnellstens hier weg! Ich ging ganz dicht an den Zaun und schlug mit meinem Wanderstab gegen den Draht um das Tier aufzuschrecken. Schon bei der ersten Bewegung des Stocks wollte die arme Kreatur aufspringen und weglaufen. Doch die Hinterläufe konnten den Körper nicht mehr tragen, sie knickten weg. Auch ein zweiter Versuch scheiterte an den grausamen Umständen. Ich war verzweifelt und wütend zugleich. Ich wollte helfen. Doch was konnte ich tun? In geringer Entfernung hörte ich Motorsägen rasseln. Wo gesägt wird sind auch Menschen, schlussfolgerte ich und ging in Richtung des Motorengeräusches. Ich fasse mich kurz, denn wenn ich daran denke, packt mich heute noch die Wut. Ich schilderte den Holzfällern die Situation und bat sie um Hilfe. Ich schlug vor, einen Förster anzurufen oder die Polizei zu benachrichtigen. Aber sie winkten ab. Die Natur würde dies schon selbst regeln und im übrigen hätten sie „mucho trabajo“, viel Arbeit.

Ich kehrte zur Stelle zurück, wo ich das Tier zurückgelassen hatte. Ich wusste nicht, was ich noch tun konnte. Nur der liebe Gott weiß, wer mir diese Frage beantwortet hatte. Das Tier war nicht mehr da, alles war friedlich und nichts deutete auf diesen Vorfall hin. Mir blieb zumindest die Hoffnung, dass es mein „Bambi“ doch noch aus eigener Kraft geschafft hatte, dem sicheren Tod zu entkommen.

Ich hatte für heute keinen Spaß mehr am Pilgern.

Die nächsten Kilometer nutzte ich, um das Erlebte gedanklich zu verarbeiten bzw. zu verdrängen. Ich wusste sehr genau, dass ich einen klaren Kopf brauchte, um täglich die Leistungen zu bringen, die notwendig waren, das ferne Ziel zu erreichen. Es gelang mir nur gelegentlich, ich hatte immer wieder die schlimmen Bilder in meinem Schädel. Nach etwa 30 Minuten begann ich wieder, meine Umwelt bewusst wahrzunehmen. Ich hatte den dunklen Wald verlassen und folgte der sonnenüberfluteten Piste. Es war mittlerweile ziemlich heiß geworden.

In Sichtweite vor mir sah ich auf der linken Seite ein Gehöft liegen, in dem Viehwirtschaft betrieben wurde. Das Grundstück war von einer großen Kuhherde bevölkert. An den Wänden des Hofes aufgebaut, erkannte ich seltsame Gestelle, die aussahen wie Barren aus der Turnstunde meiner Schulzeit. Zwischen den Tieren bewegten sich mehrere grüne Punkte, die ständig ihre Position veränderten. In dem ganzen Durcheinander stand ein Auto mit offener Ladeklappe. Beim Näherkommen entpuppten sich die Punkte als Menschen, die grüne Overalls trugen. Sie waren bemüht, Ordnung in die Herde zu bringen und suchten nach mir unbekannten Kriterien einzelne Rinder aus der Masse aus, um diese in die Gestelle zu treiben. Eines der grünen Männchen machte sich am Kofferraum des PKW-Kombi zu schaffen. Er entnahm komische Dinge aus Kartons oder Styroporkisten, es war für mich nicht genau zu erkennen, um was es sich hierbei handelte. Mit diesen Instrumenten ging er in Richtung der Eisengatter, wo er mit vereinten Kräften der restlichen Arbeiter bemüht war, die ausgesuchten Tiere in die Gestelle zu ziehen bzw. zu drücken.

Als naiver Stadtmensch hatte ich noch immer keinen Schimmer, was hier passierte. Eine Kuh nach der anderen wurde nun „friedvoll genötigt" sich hinter ihrer Artgenossin einzureihen. Es kam mir vor wie auf einem Güterbahnhof, wo Waggons zusammengestellt werden. Der Mann mit den Instrumenten streifte sich einen Plastikhandschuh über, der seinen gesamten Arm schützte und prüfte gewissenhaft den korrekten Sitz. Jetzt fiel bei mir der Groschen, die Tiere wurden künstlich befruchtet. Hier wurde neues Leben produziert. Ich beobachtete den Vorgang mit ehrlichem Interesse, denn dies kannte ich ansatzweise nur vom Fernsehen her.

Ich zog meine kleine Digitalkamera aus der Tasche, um einige Aufnahmen zu machen. Als ich nur noch auf den Auslöser drücken musste, setzte ich den Fotoapparat wieder ab und steckte ihn zurück an seinen Platz. „Auch diese Lebewesen haben ein Recht auf Sexualität, Intimität und Diskretion", dachte ich mit einem Lächeln auf den Lippen und zog weiter.

So hatte ich innerhalb von knapp zwei Stunden erleben müssen bzw. dürfen, wie nahe das Gute und das Böse zusammen liegen können. Ich war wieder mit mir und der Welt zufrieden.

Es waren nur noch wenige Kilometer bis zur Ortschaft MONESTERIO, meinem heutigen Tagesziel. Dort hatten Brigitte und ich uns zum Kaffeetrinken verabredet. Wir saßen entspannt auf der kleinen Terrasse einer Bar und ich erzählte von meinen Erlebnissen, als ein Wagen der „policia local", der örtlichen Polizei, vorfuhr und scharf bremste. Zwei uniformierte Beamte sprangen aus dem Fahrzeug und liefen in ein gegenüberliegendes Gebäude.

Wir schenkten dem ganzen keine Aufmerksamkeit und plauderten weiter. Zwei Minuten später traf ein weiteres Polizeiauto ein, in dem drei Polizisten saßen. Auch sie verließen ihr Fahrzeug in Richtung des Gebäudes. Als sie die große Eingangstür öffnen wollten, kamen die beiden Kollegen herausgestürmt und prallten fast mit der Dreiergruppe zusammen. Es entstand ein ziemliches Durcheinander, zumal zwei der Beamten wild mit ihren Händen gestikulierten, beide jedoch in eine andere Richtung zeigten. Die fünf trennten sich. Drei rannten links um das Haus herum, die beiden anderen in die entgegengesetzte Richtung. Die Akteure verschwanden aus unserem Blickfeld und wir dachten, das uns Gebotene wäre vorbei, als ein drittes, ziviles Fahrzeug auf die Bühne des Geschehens trat. Von den drei Insassen trug einer ein Funksprechgerät, das uns mit lustigen Rot-Grün-Lämpchen begrüßte. Sie schienen unschlüssig zu sein, denn es begann eine Diskussion, deren Inhalt wir nicht mitbekamen. Die „Zivilfahnder" begaben sich ebenfalls in Richtung Eingang, als von der rechten Seite des Objektes drei Polizisten um die Ecke stürmten. Das sah nach einem „teuflischen Plan" aus, waren doch vorher nur zwei Beamte rechtsseitig verschwunden. Zwei der Zivilisten gingen ins Haus, um aber sofort wieder zurückzukommen. Von der anderen Gebäudeecke trafen nun die überfälligen zwei Uniformierten ein, sodass die Gruppe wieder komplett war.

Wer aufmerksam mitgelesen und gerechnet hat, kommt zu folgender Frage: Was machen acht Polizisten, mit drei Fahrzeugen aber ohne Täter vor und in einem öffentlichen Gebäude? Antwort: Wir wissen es nicht und werden es auch nie erfahren. Aber spannend war's trotzdem.

Genauso wie sie kamen, fuhren die Darsteller weg. Die Vorstellung war beendet. Wir tranken unseren Kaffee aus, zahlten und verließen das Theater.

Wieder ging ein aufregender Tag zu Ende.

Am kommenden Tag setzte ich meinen Marsch über die Pisten und Pfade der Extremadura entspannt fort. Obwohl erst kurze Zeit hier, hatte ich diesen Teil Spaniens in mein Pilgerherz geschlossen. Es war die lupenreine Natur, die mich so beeindruckte. Hier, wo es keine Industriebetriebe gab, war alles so ruhig und friedlich, wie ich es vorher selten erlebt hatte. Zum ersten Male in meinem bisherigen Leben wurde ich wirklich neugierig auf Pflanzen und Gelände. Es war spannend, in einen Wald zu gehen, um die unterschiedlichen Baumarten einmal „live" zu sehen und dabei noch anfassen zu können. Was kommt nach dem bewaldeten Abschnitt und wohin darf ich blicken, wenn ich die nächste Anhöhe überwunden habe? Es wurde nie langweilig. Es gab immer neue Eindrücke und Erkenntnisse.

Hatte ich auf meiner ersten Pilgertour nur eine einfache Wegwerfkamera, die ihren Dienst nach 40 Fotos aufgab, so verfügte ich jetzt über eine supermoderne Digitalkamera, die selbst ich als „technische Niete" problemlos bedienen konnte. Es gab Momente, da musste ich mich daran erinnern, dass ich zum Pilgern unterwegs war und nicht als Fotograf. Ich wollte all das Schöne im Bild festhalten, um später meine Familie, Freunde und Bekannte teilhaben zu lassen an der Schönheit dieser Natur.

Und da waren ja noch die Pferde, Schweine, Rinder, Ziegen, Schafe, Federvieh etc., die hier völlig frei leben durften. Mir wurde mehr denn je bewusst, worüber man redet, wenn es um Käfighaltung bei Geflügel geht. Ich stellte mir vor, wie Schweine oder Rinder in engen, dunklen und teilweise schmutzigen Ställen ihr Leben fristeten. Für uns Konsumenten war ja wichtig, dass es schmeckt und dass der Preis stimmt. Aber hier war alles anders, hier konnte bedenkenlos von glücklichen Tieren gesprochen werden. Als liebevollen Beinamen gab ich der Extremadura den Titel: „größter Streichelzoo der Welt".

Als ich ein wenig später an einer Herde schwarzer Jungstiere vorbei kam, erinnerte ich mich an ein Gespräch, dass ich vor vielen Jahren mit einem Spanier über das Thema Stierkampf führte. Es ging im Wesentlichen darum, ob man das Töten der Stiere in der Arena als „Kulturgut" der Spanier akzeptieren sollte oder ob das Abschlachten der Tiere abzulehnen sei. Obwohl ich mir schon Stierkämpfe angesehen hatte, war und bin ich ein Gegner dieser Tradition. Dies machte ich meinem Gesprächspartner auch zweifelsfrei klar. Er antwortete ruhig und besonnen, erklärte mir, ich solle das auch einmal von einer anderen Seite betrachten. „Sehen Sie, im Normalfall kommt ein Rind auf die Welt, um letztlich geschlachtet und verwertet zu werden. Ihr Leben verbringen sie größtenteils in ‚Gefangenschaft', wenn ich den Stall einmal als Gefängnis bezeichnen darf. Die Jungstiere, die später zum Kampf in die Arena müssen, werden auf diesen Tag vorbereitet und verbringen einige Jahre ohne Stress auf einem Freigelände, werden vernünftig ernährt und können zumindest diese Jahre ihr Leben genießen. Wenn sie besonderes Glück haben, verlassen sie die Stierkampfarena sogar lebend, was jedoch, zugegebenermaßen, selten der Fall ist. Also am Ende steht der Tod des Tieres, aber die Lebensphase verläuft total unterschiedlich, zum Vorteil der Kampfstiere. Bitte denken Sie einmal darüber nach!“

Ich hatte diese Meinung damals als wenig glaubhaft eingestuft. Jetzt belehrte mich die Aktualität eines Besseren und ich musste zugeben, dass an den Argumenten des Spaniers etwas dran war. Ich hielt kurz an und beobachtete die überwiegend schwarzen Kreaturen. So schön das alles ausschaute, ich wollte nicht mit ihnen tauschen und gegen den Stierkampf bin ich auch heute noch.

Die innere Unruhe weckte mich aus meinen Gedanken und forderte mich auf, weiterzugehen. Das Tagesziel war nicht mehr fern. Am späteren Nachmittag verspürten Brigitte und ich Lust auf ein frisch gezapftes, kühles Bier, so wie man es aus der Fernsehwerbung kennt. Gerstensaft zu trinken zählte überhaupt nicht zu unseren Gewohnheiten. Aber das warme Wetter, die schönen Erlebnisse des Tages und unsere allgemeine Zufriedenheit versetzten uns in diese „Bierlaune“. Wir bestellten also eine „caña“, sprich „canja“. So bezeichnet man in Spanien ein Glas Bier. In aller Regel sind die Gläser eisgekühlt. Kommt nun die gut temperierte Flüssigkeit aus der Bierleitung dazu, ergibt sich ein köstliches, durstlöschendes Getränk. Dazu orderten wir eine Portion Oliven und einen Teller Kartoffelchips. Da der Bürgersteig vor der Bar zu schmal war, setzten wir uns mit unseren Stühlen einfach auf die Straße.

Das helle Bier zischte deutlich hörbar beim ersten, gierigen Schluck, als ein leises, schleifendes Geräusch zu hören war. Wir drehten uns um und schauten in die Straße hinein. Da kam doch tatsächlich ein junger Mann in Badelatschen die Gasse hinauf. Das schleifende Geräusch stammte von seinem schlurfenden Gang. Beim genaueren Hinschauen, konnte man erkennen, dass beide Füße stark verpflastert und mit Mullbinden umwickelt waren. Ansonsten war die Person korrekt in einer Art Safari-Uniform gekleidet und machte einen gepflegten Eindruck. Nichts ließ ihn als einen Pilger erkennen. Wir waren deshalb überrascht, als er uns auf Spanisch fragte ob wir „pereginos" wären. Wir antworteten mit einem spontanen „Ja" und baten ihn, an unserem Tisch Platz zu nehmen. Er stellte sich als Chris Beton vor und ergänzte, dass er Engländer sei. Da sein Familienname eher zu einem Catcher passte, fragten wir noch mal nach und erhielten unter schallendem Gelächter seine Bestätigung, dass er aus gutem Hause sei.

Wir kamen leicht ins Gespräch und Chris berichtete, dass er von Sevilla kommend ebenfalls nach Santiago pilgern wolle. Zu seinem Leidwesen hatten seine beiden Füße aber andere Pläne, denn sie wehrten sich erfolgreich gegen die Befehle ihres Herrn, indem sie großflächige Blasen bildeten. Diese waren so schmerzhaft, dass Mister Beton einen Arzt aufsuchen musste, der dann den Wunsch der beiden Widerspenstigen bestätigte und das Pilgern für eine Woche verbot. Ein herber Schlag für die Pläne des Briten, der die gesamte Strecke in 33 Tagen hinter sich bringen wollte. Ich fragte mich, wie lange meine Füße das aushalten würden? Es sollte noch einige Tage dauern, bis diese Frage akut wurde.

Zum Schluss testeten wir noch den britischen Humor. Auf

die Frage von Chris, warum wir diesen langen Weg gehen wollen, gaben wir ihm eine trockene Antwort: Wir würden auf das Auto verzichten, weil das Benzin so teuer wäre! Ein britischer Gentleman genießt und schweigt, aber nach einigen Sekunden kam ein breites Lächeln über sein Gesicht. Mit gegenseitigen guten Wünschen verabschiedeten wir uns. Wir haben ihn leider nicht wieder getroffen.

SAMSTAG, 19. September 2009. Die erste Pilgerwoche lag hinter uns, und wir hatten uns bestens auf die veränderten Lebensgewohnheiten eingestellt. Was würde die neue Woche bringen?

Diesen Tag begann ich mit einem Besuch beim Bäcker um die Ecke. Trotz der frühen Morgenstunde war der kleine Verkaufsraum voller Kunden. Es roch angenehm nach frischem Brot und die Leute kauften, als wenn es die nächsten Tage kein Mehl zum Backen geben würde. Die meisten „Brotsüchtigen" waren Frauen der älteren Generation. Lediglich zwei sehr männliche Spanier standen unter den Wartenden. Offensichtlich war es ihnen peinlich am Samstagmorgen Brot zu kaufen, denn dies ist bekanntlich Frauensache. Die Herren standen in der Nähe der Tür und es wäre ein Leichtes gewesen, den mit Brottüten beladenen Kundinnen den Ausgang zu öffnen. Dass sich die Frauen mehr oder weniger quälen mussten, die Bäckerei zu verlassen, störte die beiden Machos keineswegs. Sie kauten gelangweilt auf ihren Zahnstochern herum. Die Frauen trugen mit Fassung und Schweigen ihr Leid.

Jetzt war ich bald an der Reihe. Vor mir wurde nur noch ein älteres Mütterchen „abgefertigt". Sie kaufte wohl die Wochenendration für eine Großfamilie. Denn neben den obligatorischen Stangenbroten, hier „barras" genannt, wurden auch noch Kuchen und andere Backwaren geordert und in diverse Tüten gestopft. Nach dem umständlichen Zahlungsvorgang, es wurde noch mit Block und Bleistift gerechnet, versuchte die alte Dame, alle Plastiktüten „in den Griff" zu bekommen. Sie vergaß dabei ihre Handtasche und die ganze Prozedur des „Aufsattelns" begann wieder von vorne. Doch wie nun die Tür der Bäckerei öffnen? Man sah der alten Dame ihre Hilflosigkeit an. Kaum zu glauben, die beiden Männer traten sogar 30 cm zurück, um den Weg frei zu machen. Aber, von Tür aufhalten für die leicht gebückt gehende Dame, keine Spur. Ich konnte das nicht länger mit ansehen, unterbrach meinen Bestellvorgang und riss demonstrativ die Tür für die Señora auf. Ich konnte es mir nicht verkneifen, den beiden Herren einen vorwurfsvollen Blick zuzuwerfen. Die Kundin war schon fast draußen auf der Stra-

ße, als sie plötzlich mit ihrer zarten Schulter die Tür wieder aufdrückte und sinngemäß an die Adresse der beiden Männer gerichtet rief: „Da könnt ihr euch mal ein Beispiel dran nehmen, ihr Hornochsen!“

Allgemein weiß man über die Spanier, dass sie ein sehr lebendiges, lautes Völkchen sind, wo das Wort Ruhe kaum eine Bedeutung hat. Nach dem Ausbruch der älteren Dame war es jedoch schlagartig leise, als hätte man per Fernbedienung den Ton abgestellt. Alle schienen betroffen zu sein, und mir war die ganze Situation peinlich. Ich zahlte schnell meine Rechnung und nutzte das wieder ansteigende Gemurmel, um den Laden zu verlassen. Ich entfernte mich zügig von der Backstube, denn ich hatte keine Lust auf Diskussionen hinsichtlich meines „Gentleman-Verhaltens“.

An einer schönen Bank, die in einem kleinen Park des Ortes stand, hielt ich an, um mein Brot, das ich noch immer in der Hand hielt, in den Rucksack zu stecken. Es muss wohl an diesem Morgen um einige Grade kälter gewesen sein als an den Vortagen, denn mich fröstelte ein wenig. Kein Wunder, ich trug ja immer noch meine knielange Pilgerhose. Die Gelegenheit des kleinen Zwischenstopps nutzte ich, um nach gelben Orientierungspfeilen zu suchen, leider ohne Erfolg. Anstatt nun Hin- und Herzulaufen wartete ich auf einen Ortskundigen, der mir helfen sollte, den Einstieg in den „Camino“ zu finden. Das hatte nichts mit Faulheit zu tun. Aber die noch vor mir liegende gewaltige Strecke erforderte eine gute Einteilung meiner Kräfte. Ich hatte mittlerweile gelernt: „JEDER SCHRITT ZÄHLT“.

Es näherten sich zwei Personen die sich lautstark unterhielten. Vorsichtig trat ich vor, begrüßte das Paar freundlich und fragte nach dem Weg. Wahrscheinlich war meine Frage nach dem „Via de la Plata“ so schlecht formuliert, dass sie mich nicht verstanden. Ich fragte erneut, diesmal nach der „ruta Via de la Plata“ – dies ist eine andere Bezeichnung für den Jakobsweg. Bingo! Jetzt hatten sie mich offensichtlich

verstanden. Der Mann drehte sich einmal um die eigene Achse und zeigte entschlossen in die Richtung, aus der ich kam. Ich war misstrauisch und hatte den Eindruck, dass er gar keine Ahnung hatte. Aber ein echter, stolzer Spanier würde das niemals zugeben. Ich wollte mich gerade für die freundliche Auskunft bedanken, als die Frau mich zaghaft am Arm festhielt, ihrem Begleiter ins Gesicht schaute und genau in die entgegengesetzte Richtung zeigte.

Das brachte den Spanier wohl leicht in Rage, denn wie konnte nur die Frau im Beisein eines anderen Mannes seine Kompetenz infrage stellen. Lautstark gestikulierend zeigte er erneut in die von ihm vorgegebene Richtung. Doch die Señora ließ sich nicht einschüchtern und gab ihm heftig Kontra. Die beiden schaukelten sich hoch und gerieten sich fast in die Haare. Ich stand dabei und fühlte mich irgendwie unwohl, war ich doch der Verursacher ihres Disputs.

Durch das lautstarke Streitgespräch neugierig geworden, wurde auf der gegenüberliegenden Straßenseite eine Haustür geöffnet. Eine ältere Dame trat auf den schmalen Bürgersteig. Sie verschaffte sich einen Überblick, überquerte die nur drei Meter breite Straße und griff in die Schlacht um die richtige Richtung ein. Obwohl ich sie ebenfalls freundlich begrüßte, nahm sie keinerlei Notiz von mir. Die wenigen Brocken, die ich aus dem Durcheinander verstehen konnte, ergaben, dass es in der immer lauter werdenden Auseinandersetzung schon gar nicht mehr um die gelben Pfeile ging, sondern nur noch um die Position des Mannes, der jetzt gegen zwei Frauen kämpfte. Mein zaghafter Versuch, zu schlichten und erneut nach dem Weg zu fragen, scheiterte kläglich. Man beachtete mich überhaupt nicht mehr. Und fast hätte mich der wild durch die Luft fuchtelnde Arm des Iberers am Kopf getroffen. So beschloss ich den „Rückzug". Ich nahm meinen Rucksack von der Bank und verließ das Schlachtfeld. Nach ca. 150 Metern drehte ich mich nochmals um und registrierte, dass die Debatte der drei immer noch heftig im Gange war. Übrigens: ich fand den gelben Pfeil an einer Hauswand. Er zeigte in eine ganz andere Richtung.

Im Laufe des Tages durchwanderte ich viele, gut bewirtschaftete Felder. Auf einer dieser Flächen erntete ein Bauer seine Melonen. Ich hielt kurz an und schaute ihm bei der Arbeit zu. Als er mich bemerkte, lächelte er und zeigte mir mit sichtbarem Stolz seine großen Früchte. Anerkennend nickte ich ihm zu und wollte weiter, als er mich bat, noch zu warten. Man glaubt es kaum, da kam dieser gute Mensch mit einer bestimmt einige Kilos wiegenden Frucht zu mir. Ich ahnte, was er vorhatte. Tatsächlich, ich sollte meinen Rucksack öffnen, er wollte mir ein Geschenk machen. Ich musste all meine diplomatischen Fähigkeiten aktivieren, um dem Mann zu erklären, dass es unmöglich wäre, aus Platz- und Gewichtsgründen das „regalo" (Geschenk) an- bzw. mitzunehmen. Glücklicherweise verstand er mich und wünschte mir einen guten Weg an mein Ziel.

Am Nachmittag traf ich Brigitte an einer Zufahrtstraße nach ZAFRA. Ihr Wagen parkte auf der rechten Straßenseite. Die Fahrertür hatte sie wegen der Wärme geöffnet, ihr linkes Bein baumelte aus dem Fahrzeug. Sie war sommerlich gekleidet und mit ihren blonden Haaren sehr hübsch anzusehen. Während ich mich dem blauen Auto näherte, musste ich doch grinsen, denn mir waren plötzlich „unanständige Gedanken“ in den Kopf geschossen. Mein Grinsen verschmolz zu einem Lächeln, als wir uns begrüßten. Meine Liebste, die mich genau kennt, kam sofort zur Sache und erwartete von mir eine Erklärung für mein Grinsen und für meinen „zufriedenen“ Gesichtsausdruck. Ich erklärte ihr, dass man ein Auto am Straßenrand mit einer hübschen Blondine darin auch anders deuten könne. „Wie anders?“, hakte sie nach. „Eben anders“, gab ich ihr zur Antwort. Sie schaute mich entgeistert an. „Du meinst?“ „Ja, ich meine!“, antwortete ich ihr. Jetzt fiel es Brigitte wie Schuppen von den Augen. „Ah, jetzt verstehe ich“, sagte sie und fing laut an zu lachen.

Sie erzählte mir, dass sie schon mehrfach an besonders schönen Stellen den Wagen einfach am Straßenrand parkte, um die Natur oder andere Sehenswürdigkeiten zu genießen oder einfach nur auf mich wartend im Auto saß. Dabei war ihr aufgefallen, dass einige Autos ihre zügige Fahrt abbremsten und gezielt zu ihr hinüberschauten. Andere hupten und winkten freundlich. Anfangs habe sie gedacht, dass mit dem Auto etwas nicht stimmen würde. Da mit dem Wagen jedoch alles in Ordnung war, glaubte sie, dass die Menschen hier einfach nur besonders freundlich wären …

Brigitte ließ mich gar nicht lange über diese Angelegenheit sinnieren, sondern rief: „Komm, steig ein. Wir haben es bald geschafft für heute.“ Sie wollte mich dazu bringen, die restlichen Kilometer bis zu meinem Etappenziel mitzufahren. Aber nein, ich lehnte entschlossen ab, blieb meinen Pilgergrundsätzen treu und lief die verbleibenden zwei Kilometer zu unserer Unterkunft, wie es sich gehört zu Fuß!

Sonst noch etwas?

Ja, da war ja noch mein Kollege Parkinson. Ich hatte versucht, ihn in den letzten Tagen links liegen zu lassen. Jeden Tag aufs Neue versuchte er, mich an meinem Vorhaben zu hindern und machte mir das Leben schwer. Da gab es die allmorgendlichen Anlaufschwierigkeiten, die mich viel Kraft kosteten und meinen Willen jedes Mal auf eine neue Probe stellten. Doch ich war stärker, gab der Krankheit keine Chance und tat das, was ich für richtig hielt. Doch dieser „Kerl“ ließ sich immer etwas anderes einfallen, um mich in die Knie zu zwingen. Ich hatte es heute morgen zum ersten Mal bemerkt, ohne mir etwas dabei zu denken. Doch das sollte sich in den vor mir liegenden Tagen ändern, leider.

Die ersten Stunden des neuen Tages waren purer Frust. Da wir zwei Nächte in der Stadt ZAFRA bleiben wollten, verzichteten wir auf ein gemeinsames Frühstück. Ich krabbelte leise aus dem Bett und machte mich für die neue Tagesetappe fertig. Draußen war es noch dunkel, und so wollte ich erst einen heißen Kaffee an der Bar trinken. Doch daraus wurde nichts, die Bar war geschlossen. „Versuche ich es eben in einem anderen Lokal“, dachte ich trotzig. Auch der zweite Versuch schlug fehl, denn hier hing ebenfalls der Hinweis „cerrado“ (geschlossen) an der Tür. Auf der Suche nach dem gewünschten Heißgetränk bog ich mal links und mal rechts auf den spärlich beleuchteten Straßen ab. Fand man sonst an jeder Ecke eine Kneipe, so war dies heute Fehlanzeige. Ich gab meine Bemühungen auf und schaute mich um. Ich hatte die Orientierung verloren. Zafra zählt zu den alten, traditionsreichen Städten der Extremadura und hat eine sehenswerte Altstadt. Doch das war es nicht, was ich sehen wollte, ich war auf der Suche nach einem heißen „café con leche“ oder nach den gelben Orientierungspfeilen.

Die Stadt schlief noch, keine Menschenseele auf der Straße. Ich irrte weiter planlos kreuz und quer umher und hoffte auf mein Glück. Das fand sich dann nach ca. 10 Minuten in Form von zwei Mitarbeitern der örtlichen Straßenreinigung. Auf Befragen winkten sie ab und erklärten mir, dass sie nicht von hier seien. Mein Frustpegel stieg in den roten Bereich, und das, wo ich doch gelbe Pfeile suchte. Als ich endlich den richtigen Weg gefunden hatte, zeigte mir ein Blick auf meine Uhr, dass ich 45 Minuten verloren hatte.

Etwas Ähnliches passierte mir im nachfolgenden Ort LOS SANTOS DE MAIMONA. Hier war ich allerdings an meiner fehlenden Orientierung selbst Schuld, weil ich aus Bequemlichkeit meinen Wanderführer nicht aus dem Rucksack holen wollte. Wer nun denkt, damit war der Ärger vorbei, der irrt. Der verärgerte Pilger wurde mehrfach von schnell fahrenden Fahrzeugen überholt. Diese wirbelten jede Menge des braunroten Sandes auf, der sich dann in feinen Staub auflöste und genüsslich auf den ohnehin schon gebeutelten Wanderer niedersank.

Mich überholten dann drei Spanierinnen mittleren Alters. Sie empfahlen mir, wie bereits andere vorher, eine Kopfbedeckung zu tragen, grüßten freundlich und zogen weiter. Nach ca. 15 Minuten lag vor mir, mitten auf der Piste, ein weißes Röhrchen. Es trug die Aufschrift „vitaminas“, also Vitaminbrausetabletten. Diese „Dopingmittel“ konnten nur von den spanischen Frauen sein, dachte ich und hob sie auf. Wenige Minuten später hatte ich die Damen wieder erreicht, sie machten eine Siesta am Wegesrand. Ihr Geschnatter war schon von Weitem zu hören. Ich hielt das Röhrchen in die Luft und zeigte meine Beute. Ein großes „Ahhh“ und „Ohhh“ empfing mich, denn die „vitaminas“ waren in der Tat aus einem der Rucksäcke gefallen. Man bedankte sich

und lobte mich dafür, dass ich mittlerweile eine Kopfbedeckung trug. Für spanische Frauen ist es wohl nicht alltäglich, dass ein „Macho" das tut, was Frauen ihm sagen.

Dieser Tag, mit viel Frust, endete jedoch mit einer netten zwischenmenschlichen Begegnung. Ich sah in der Ferne einen Mann und eine Frau auf mich zukommen. Ich glaubte meinen Augen nicht zu trauen, als ich beim Näherkommen einen älteren Herrn und meine Brigitte erkennen konnte. Damit nicht genug, sie gingen Arm in Arm und unterhielten sich angeregt. Ich muss ziemlich dumm aus der Wäsche geschaut haben, denn das neue Traumpaar kam mir laut lachend entgegen. „Darf ich vorstellen, mein neuer Freund Salvador", erklärte sie mir mit einem breiten Lächeln. Salvador, der offensichtlich Deutsch verstand, gab mir seine rechte Hand zum Gruß und sagte zu meiner totalen Verblüffung: „Guten Tag Karl-Heinz." Ich dachte, ich höre nicht recht, schlug jedoch in seine Hand ein. Ich bemerkte in mir einen Anflug von Eifersucht, verwarf diese Empfindung jedoch sofort wieder.

Seltsam war auch, dass Brigitte in der freien Hand eine Tüte mit blauen Weintrauben hielt, denn Geschäfte gab es in der Nähe nicht. Meine Pupillen mussten sich wohl zu Fragezeichen verformt haben, nun wollte ich eine Erklärung für dieses komische Getue haben. „Also, ich habe Salvador im nächsten Ort getroffen. Dort suchte ich den Einstieg in den ‚camino', ich wollte dir nämlich entgegenkommen", erzählte Brigitte eifrig. Der ca. 75-Jährige nickte zustimmend mit dem Kopf und setzte die Erklärung in nahezu fehlerfreiem Deutsch fort. „Was soll ich lange erklären, wo der Weg ist, ich habe sie einfach hingebracht, damit sie nicht verloren geht!", war seine überzeugende Logik. Ich musste herzhaft lachen, das Eis war gebrochen.

So erfuhr ich, dass er lange Jahre in Deutschland gelebt und in Osnabrück gearbeitet hatte. Jetzt sei er Rentner und erfreue sich an seinem Lebensabend. Und heute wäre für ihn ein ganz besonderer Tag, sagte er mit strahlenden Augen, denn nicht jeden Tag würde er mit einem „jungen Mädchen" Arm in Arm über den „Camino" laufen können. Und woher die Weintrauben wären, wollte ich noch wissen? Ja, die seien eigentlich für seine Frau bestimmt, aber die wisse ja von nichts und jetzt gehören sie meiner Frau. „Welch ein sympathisches Schlitzohr", dachte ich bei mir!

Am nächsten Morgen mussten wir zunächst ein Stück mit dem Auto fahren. Ich wollte wie immer genau an der Stelle meinen Pilgergang fortsetzen, an der am Tag zuvor das Ende meiner Etappe lag. Unser Navigationsgerät führte uns einige wenige Kilometer über die Autobahn. Der Himmel zeigte sich von seiner besten Seite, die gerade aufgegangene Sonne erzeugte eine angenehme Wärme. Wir fuhren nach einer Autobahnausfahrt zügig über eine Nationalstraße in Richtung Einsatzort. Völlig unerwartet kamen wir in eine Kontrolle der spanischen Verkehrspolizei, der „Guardia Civil de Tráfico". Wir wurden rechts auf einen kleinen Parkplatz eingewiesen. Ein uniformierter Beamter trat an unser Fahrzeug, legte kurz die Hand an seine Dienstkappe und kam gleich zur Sache. Aber was war die „Sache"? Obwohl wir uns keiner Schuld bewusst waren, wir hatten nichts getrunken und waren auch nicht zu schnell gefahren, hatten wir mächtig Respekt vor dieser Staatsmacht.

In atemberaubender Geschwindigkeit begann der Ordnungshüter seine „Anklage" vorzutragen. Als der Beamte einmal Luft holen musste, nutzte ich diese Gelegenheit, ihn zu bitten, etwas langsamer zu sprechen. Bevor er wieder loslegte, konnte ich gerade noch loswerden, dass wir Deutsche sind und kaum Spanisch sprechen würden. Die Erfahrungen im Umgang mit Behörden hatten mich gelehrt, dass es besser ist, sich im Zweifelsfalle dumm zu stellen. Aber ich brauchte mich nicht „zu verstecken", denn der Polizist sprach weiter, ohne uns einen Touristenbonus zu geben. Wir stiegen aus, um uns erklären zu lassen, welches Verbrechen wir begangen hatten. Der Beamte zeigte auf die beiden vorderen Scheinwerfer. Brigitte hatte sie bei unserer Abfahrt angeschaltet weil es noch dämmerte. Wir überzeugten uns, dass die Lampen in Ordnung waren und zuckten mit den Schultern. Der Ordnungshüter zeigte Ungeduld, ein Zeichen für uns genau hinzuhören, denn mit der „Guardia Civil" ist nicht gut Kirschen essen. Was ich mittlerweile verstanden hatte, war, dass unser, besser gesagt das Problem des Beamten etwas mit „niebla" (Nebel), zu tun haben musste. Aber, das Wetter war klar, es gab überhaupt keinen Nebel. Genau dies war der Grund der Kontrolle. Wir hatten die Nebelscheinwerfer eingeschaltet und das ist nicht erlaubt. Brigitte, die inzwischen wieder hinter dem Steuer saß, wurde aufgefordert, die Lampen zu löschen. Leider hatte sie keine Ahnung, wo der Schalter saß. Sie „schmeichelte“ dem Uniformierten, sodass dieser nach einem kurzen Blick auf das Armaturenbrett die Leuchten persönlich abschaltete. Mit geschwellter Brust legte er erneut seine Hand an den Mützenschirm und erlaubte uns, ohne ein Bußgeld zahlen zu müssen, weiterzufahren. Da hatten wir Glück, denn der Strafkatalog für Verkehrsvergehen in Spanien ist hart und teuer.

Während wir schnell das Weite suchten, berichtete Brigitte mir, dass sie in den vergangenen Tagen eine rote Ampel überfahren hatte und in falscher Richtung in eine Einbahnstraße gefahren war. Alles ging gut und auch ohne Bußgelder ab. Wir hatten also jede Menge Geld gespart. Und was lernen wir daraus? Je mehr man mit dem Auto fährt, desto mehr „kann man sparen!“.

Fast die gesamte Tagesstrecke führte mich durch die TIERRA DE BARROS, (Lehmland). Gott sei Dank regnete es nicht. Meine Erfahrung mit dieser Bodenbeschaffenheit war nicht die beste. Man hat gleich mehrere Kilogramm an den Schuhen kleben, die das Gehen erheblich erschweren.

Nach nunmehr zehn Tagen auf der Piste machten meine Knie- und Fußgelenke auf sich aufmerksam. Es zwickte und schmerzte gelegentlich, war aber auszuhalten. Auch die Gemeinheiten meiner Parkinson-Erkrankung klopften von Zeit zu Zeit an, um nicht in Vergessenheit zu geraten. Ich weigerte mich jedoch, davon Notiz zu nehmen.

Die Weinlese war im vollen Gange und ich genoss den Tag. Auf einer Anbaufläche arbeiteten eine Menge Personen, die bei Gesang und lautstarken Gesprächen die bereitstehenden Plastikkisten mit blauen Trauben füllten. Ihre Sprache war völlig unbekannt und ich wurde neugierig. Als ich näher kam, begrüßten sie mich, aber ihr Spanisch hatte einen für mich seltsamen Akzent. Ich fragte, woher sie kämen, und sie antworteten im Sprechchor mit „RUMANIA, RUMANIA“.

Es waren also Gastarbeiter aus Rumänien. Ich erzählte ihnen, dass ich ein Auto fahre, das unter der Regie von Renault in Rumänien gebaut wurde. Ich brauchte nicht weiter zu sprechen, denn die Sprechchöre riefen voller Begeisterung „DACIA, DACIA“, den Namen dieses aufstrebenden Automobilherstellers. Diese Menschen aus dem ehemaligen Ostblock hatten plötzlich und unerwartet ein Stückchen Heimat in ihrer Nähe. Sie schenkten mir eine Rebe köstlicher Trauben, die ich im Weitergehen verspeiste, ohne ein schlechtes Gewissen zu haben. Wie sagte doch der alte Salvador gestern: seine Frau wisse von nichts! Ja, ich hatte schnell dazugelernt.

Ach ja. Da war ja noch die Flasche Sekt. Heute sollte sie fällig sein, denn wir hatten 200 km hinter uns.

Der neue Pilgertag begann mit klarem Kopf, denn wir hatten aus Müdigkeit auf das Öffnen der Flasche verzichtet. Auf Wasserflaschen, insbesondere gut gefüllte, durfte man heute jedoch auf keinen Fall verzichten. Der Hinweis aus dem Reiseführer auf nicht vorhandene Wasser(tank)stellen, war Warnung genug. Obwohl der Wanderführer natürlich nichts über das Wetter wissen konnte, war sein Hinweis, genügend Getränke mitzunehmen, Gold wert. Es war unglaublich heiß an diesem Tage, die Luft stand unbeweglich wie eine Wand und ich hatte noch ca. 15 km bis zu meinem heutigen Tagesziel MERIDA.

Zu allem Überfluss verfehlte ich noch einen Abzweig auf der Piste. Den Fehler hatte ich mir selbst zuzuschreiben, denn im Führer stand ein besonderer Hinweis auf diesen Gefahrenpunkt. Ich hatte einfach nicht aufgepasst, mit meinen Gedanken war ich nicht ganz dabei. Aus mir völlig unerklärlichen Gründen beschäftigte ich mich mit meiner Erkrankung. Plötzlich war das ganze positive Denken und Handeln weg, der Sinn meiner Pilgerreise infrage gestellt. Ich dachte an den Tag der Diagnose, die mir auf brutale Weise mein Schicksal vor Augen führte. Mir wurde wieder bewusst, dass es bei Parkinson keinen Weg in Richtung Gesundung gab, sondern dass dieser mehr oder weniger schnell an den Rand des Abgrundes führt. Meine Gedanken zwangen mich in die Vergangenheit, und ich verglich meinen damaligen noch guten körperlichen Zustand mit der Situation von heute. Es war deutlich und nicht zu verkennen, ich hatte abgebaut. Warum also noch diesen langen Weg gehen? Warum sich durch diese Hitze quälen? Warum diese Strapazen und Entbehrungen? Warum? Warum? Warum?

Dieses Wort schoss durch meinen Kopf, hin und her. Wäre es nicht einfacher zu Hause zu bleiben, die Natur, das sonnige Wetter, das Meer, einfach die schönen Seiten des Lebens zu genießen? Was soll das, mehr als 1.000 km quer durch Spanien zu laufen? Wofür? Für wen? Warum? Ich hatte ein richtige Krise, ohne zu wissen weshalb. Mein Gang, bedingt durch die Hitze ohnehin schon langsam, war noch träger geworden. Ich ähnelte mehr einem Häufchen Elend, als einem strebsamen Pilger. Der Versuch, die schwarzen Gedanken wegzuwischen scheiterte kläglich. Ich war am Rande einer Depression.

Ich hatte meine Umgebung nicht mehr wahrgenommen, trottete lustlos Meter für Meter vor mich hin und spielte mit dem Gedanken, stehen zu bleiben und mich hinzusetzen. In diese Stille hinein hörte ich plötzlich leises Glockengeläut. Völlig abwegig dachte ich an den Himmel und schaute in die tiefblaue Unendlichkeit. Das Geläute wurde lauter und vielfältiger und vermischte sich zunehmend mit dem „Gemecker" von Ziegen. Kurz danach erreichte ich das muntere Ziegenvölkchen, und im selben Moment begannen sich meine negativen Gedanken zu verflüchtigen.

Ich ging an einem Wassertrog vorbei und sah mein Spiegelbild. Halt, sagte ich zu mir selbst, ging noch einmal drei Meter zurück, beugte mich über die Wasserfläche und schaute mir selbst ins Gesicht. „Du wirst Parkinson nicht siegen lassen, zumindest nicht so schnell. Du willst nach Santiago de Compostela und da wirst du auch ankommen", sprach ich zu mir selbst. Demonstrativ reckte ich meinen Oberkörper, rückte meinen Rucksack zurecht und setzte meinen Weg fort. Ich dachte an mein erstes Buch. Sein Titel „Weiter, immer weiter …" war zu meiner Lebensweisheit geworden, wie sich auch jetzt wieder bestätigt hatte.

Der Rest der Tagesetappe war ein Kinderspiel. Mit neuer Energie ausgestattet erreichte ich schnell den Stadtrand von MERIDA, überquerte den Fluss GUADIANA und die berühmte alte Römerbrücke. Dort erwartete mich schon Brigitte. Ich verschwieg ihr meine depressiven Gedanken und ging lächelnd auf sie zu.

Am nächsten Tag war ich schon sehr früh putzmunter. Nach den notwendigen Vorbereitungen für den Tag machte ich mich gegen 07:30 Uhr auf den Weg. Es war noch dunkel, aber es konnte nicht mehr lange dauern, bis es heller werden sollte. Nach dem gestrigen „Durchhänger“ fühlte ich mich heute wieder gut. Meine Motivationskurve war ganz oben im grünen Bereich und mein Wille konnte fester nicht sein. Auch meine Gelenke und Muskeln taten brav ihren Dienst. Selbst mein ständiger Wegbegleiter Parkinson meinte es gut mit mir.

Wir hatten eine kleine Unterkunft im Zentrum der Stadt bezogen und es galt für mich, den richtigen Weg zu finden. Dass zu dieser frühen Morgenstunde schon relativ viele Menschen unterwegs waren, erstaunte mich. Es sollte also kein Problem sein, nach der „via de la Plata“ zu fragen, wenn ich nicht selbst die gelben Pfeile finden würde. Doch das Glück war mir nicht hold. Keiner der Passanten gab mir eine Auskunft, der ich trauen konnte. An einer Bushaltestelle traf ich auf eine Gruppe Heranwachsender. Es könnten Schüler gewesen sein. Unter dem Motto: „Gib der Jugend eine Chance", fragte ich sie nach dem Weg. Sofort begann eine sehr lebhafte Diskussion unter den Teenies. Der eine meinte rechts herum, der andere zeigte nach links. Alles war begleitet von lautem Gelächter. Das klingt eher nach „Jugend forscht", dachte ich und blieb skeptisch. Das war auch gut so, denn aus den Gesprächsfetzen, die ich verstehen konnte, entnahm ich, dass die Kids vorhatten, mich bewusst in die falsche Richtung zu schicken. „Einem alten Mann in den Bart spucken und ihm sagen es regnet." Nicht mit mir, dachte ich, bedankte mich trotzdem und setzte mich wieder in Bewegung. Ich hatte mich entschlossen, dem Rat eines Mädchens zu folgen, was sich nach wenigen Minuten als richtig herausstellte.

Ich hatte das Vergnügen, den Aquädukt „Los Milagros" vor meinen Augen zu haben. Über diese alte römische Wasserleitung wurde zur damaligen Zeit Wasser aus einem 5.000 m entfernten Stausee in die Stadt transportiert. Es war ein grandioser Anblick, so hautnah mit der Geschichte konfrontiert zu sein, zumal das historische Gebilde, bedingt durch die noch brennende Beleuchtung eine außergewöhnliche Ausstrahlung bot.

Ich verließ die Stadt in Richtung Stausee von Proserpina, der gemeinsam mit der Stadt Mérida, von der UNESCO zum Weltkulturerbe erklärt wurde. Der Pilgerweg führte eine ganze Weile an diesem Gewässer vorbei. Es war ein wunderschöner, warmer Sonnentag. Ich fühlte mich völlig entspannt und frei von jeder Belastung. Weit und breit kein Mensch, ich war ganz alleine und mit mir und der Welt zufrieden. Meine Krise von gestern hatte ich scheinbar überwunden.

Am frühen Abend gingen wir wieder einmal auf die Suche nach einem Internetcafé. Nach einigen Auskünften, die wir einholten, hatten wir eine Einrichtung der Stadt ausfindig gemacht, die über die entsprechende Technik verfügte. Die Nutzung der Computer war kostenlos. Nachdem wir unsere Mails gelesen hatten, surfte ich noch ein wenig durchs Internet und erinnerte mich an Gisela vom „Costa-Blanca-Forum“. Sie hatte mich fast täglich angerufen und sich über die aktuelle Lage des Pilgers Brass informiert. Ich rief die Seite auf und klickte auf das passende Thema. Gisela, die unter dem Synonym „Alondra“ ihre Berichte ins Forum setzte, hatte über mein erstes Buch berichtet und auch geschrieben, dass ich in wenigen Tagen auf den langen Weg von Sevilla nach Santiago gehen würde. Das machte mich ein wenig stolz, doch ich traute meinen Augen nicht, als ich näher hinschaute und sah, dass bereits mehrere hundert User diese Seite aufgerufen hatten. Ein ungeheurer Motivationsschub erfasste mich, denn ich sah in dem Interesse der Menschen an meinem Vorhaben, auch eine Verpflichtung für mich. Diese geballte Kraft würde ich auf den weiteren Streckenabschnitten noch sehr gut brauchen können.

Der nächste Tag begann mit leichten, körperlichen Problemen. Beim Aufstehen bemerkte ich, dass mit meinem rechten Bein etwas nicht war wie gewohnt. Das Fußgelenk schmerzte und war leicht geschwollen, ähnlich wie das Gelenk im Knie. Ich ergänzte die allmorgendliche Salbung der Laufwerkzeuge mit einer Sportcreme, die eine weitere Entzündung verhindern sollte. Ansonsten schien alles okay. Ich machte mich auf den Weg, der mich heute teilweise durch den Naturpark von CORNALVO führte. Diese sehr schöne und abwechslungsreiche Gegend ist gekennzeichnet durch saftig grüne Wiesen, würdevolle Steineichen und Granitblöcken, die den Weg säumten. Dazwischen lebten Rinder- und Schafherden ihr glückliches Leben.

Ich war schon sehr lange gewandert, ohne einen anderen Pilger getroffen zu haben. Unter einem schattenspendenden Baum sah ich zwei Hutspitzen hervorragen. Beim Näherkommen erkannte ich, dass es Cowboy-Hüte waren. Unter dem Baum hatten es sich zwei

Personen gemütlich gemacht. Ich konnte noch nicht erkennen ob es sich um männliche oder weibliche Wesen handelte. „buen camino", riefen mir die Unbekannten freundlich entgegen. Ich registrierte einen amerikanischen Akzent und grüßte selbstverständlich zurück. „Woher kommst du?", fragten sie jetzt in englischer Sprache. Es waren zwei Frauen. „I am from Germany", ordnete ich meine Englischkenntnisse. „And you?", hakte ich nach. „We are from SEATTLE in the US. My name is Jean", antwortete eine der Frauen. „And I am Leah", meldete sich die andere zu Wort. „Nice to meet you", ergänzte ich, „My name is Karl-Heinz."

Ganz gegen meine Gewohnheit nahm ich den Rucksack von den Schultern und setzte mich zu den US-Girls. Wir kamen schnell ins Gespräch. In den USA gäbe es auch Wege, ähnlich dem „Camino", aber die Infrastruktur sei bei Weitem nicht so gut wie in Europa. Man müsse, um kostenmäßig im Rahmen zu bleiben, in Zelten übernachten. Dies berge jedoch die Gefahr eines Raubes oder Überfalls. Sie hätten das schon selbst erlebt. Dieser Jakobsweg wäre für sie, als wenn sie das Paradies durchwanderten. Tolles Wetter, gute Unterkünfte und sichere Wege, erklärten sie mir voller Begeisterung. Sie würden nicht den ganzen Weg bis Santiago gehen, weil ihr Urlaub zu Ende geht und sie zurück in die Heimat müssten.

Ich erzählte ein wenig von mir, meiner Motivation diesen Weg zu gehen, trotz meiner Krankheit. Als sie „Parkinson" hörten, schienen sie betroffen zu sein. Aber genau das wollte ich nicht und erklärte ihnen meine Mission, nämlich anderen Kranken Mut zu machen. Die beiden zeigten sich beeindruckt von meiner Lebensauffassung, doch ich winkte ab und wechselte das Thema. So verging eine Stunde wie im Fluge, und wir rafften uns auf, um unser Tagesziel zu erreichen. Der Abschied war herzlich, doch nicht für immer, wie sich zeigen sollte.

Der Verlauf des restlichen Tages lag, im wahrsten Sinne

des Wortes „im grünen Bereich“. Es war alles so grün, dass ich die Farbe „Gelb“ regelrecht vergessen hatte. Ich konnte mich nicht sattsehen an all den Bäumen und Sträuchern, den blühenden Pflanzen und der unberührten Landschaft. Ich hatte die Orientierung verloren und suchte verbissen nach hilfreichen Hinweisen, die mich auf die Piste zurück führen sollten. Doch es war kein einziger gelber Pfeil in Sicht. Bei meiner Suche stellte ich fest, dass ich mich im Kreis bewegte und keinen Meter weitergekommen war. Ich hoffte, dass Jean und Leah zu mir aufschließen würden und wir gemeinsam den richtigen Weg einschlagen konnten. Aber Fehlanzeige! Weder die beiden noch ein anderer Pilger kreuzten meinen Weg. Ich wurde leicht unruhig. Wo war ich?

Ich nahm zur Beruhigung einen Schluck Wasser und schaute mich um. Ich lief planlos kreuz und quer über Stock und Stein. Dann, in ca. 100 m, reflektierte eine Plastikflasche unter den Sonnenstrahlen. Ein Hinweis aus „heiterem Himmel“. Hier musste also jemand gewesen sein. Schimpfte ich sonst über die Menschen, die ihren Abfall in der Natur entsorgten, so war ich jetzt dankbar für diesen Strohhalm an den ich mich klammern konnte. Es klingt verrückt und vielleicht auch unglaubwürdig, aber ich folgte

der Richtung, in die der Flaschenhals zeigte. Und nach ca. 200 m die Erlösung: ein gelber Pfeil auf einem Stein. Wer eine solche Situation noch nie erlebt hat, wird darüber mitleidig lächeln. Aber es war ein erlösendes Gefühl, wieder sicher zu sein, dass die Füße den rechten Weg gehen. Ich blickte in den Himmel und sagte „Danke".

Das alles erzählte ich Brigitte, als wir uns am Nachmittag trafen und unsere „caña" tranken. Sie hörte mir aufmerksam zu, doch ich merkte ihr an, dass sie mir etwas Wichtiges mitteilen wollte. Sichtlich glücklich und zufrieden erzählte sie mir von einem wunderschönen „casa rural", das sie entdeckt und gebucht hatte. Davon wird noch einiges zu berichten sein. Ich erledigte noch eine angenehme Pflicht und setzte einen Bericht ins Costa-Blanca-Forum.

Mein Schrittzähler zeigte 259,3 km, die hinter uns lagen.

Diese Nacht schlief ich ruhig und träumte von der Natur und ihren Einzigartigkeiten. Auf einer saftig grünen Wiese erlebte ich eine zufriedene Rinderherde. Ob es nun Zufall war oder in Träumen doch eine Portion Wahrheit steckt, weiß ich bis heute nicht. Aber am kommenden Tag sollte ich mich mit dieser Frage noch einmal beschäftigen. Da gab es doch ungeahnte Talente, die in mir schlummerten und am nächsten Tag zum Vorschein kamen.

Vorgewarnt durch den Wetterbericht des spanischen Fernsehens wussten wir, dass ein heißer Tag vor uns lag. Ich kroch also früh aus den Federn um die angenehme Kühle des Morgens auszunutzen. Es war noch nicht ganz hell, aber ich packte meine Ausrüstung und begann den Angriff auf ein neues Tagesziel.

Ich durchwanderte wieder schöne Naturlandschaften, ging durch Steineichenwälder und entdeckte, durch den Baumbestand auf den ersten Blick nicht sofort erkennbar, einen wunderschönen See. Natur pur. Ich erinnerte mich an meinen nächtlichen Traum und sah jetzt ähnliche Bilder. Was fehlte, war die Rinderherde. Ich schenkte dem jedoch keine weitere Bedeutung. Vor mir lag ein kleines Dorf. Ein Blick in meinen Reiseführer klärte mich auf, es handelte sich um den Ort CASAS DE DON ANTONIO. Kurz vor den ersten Häusern dieses Nestes lag auf der rechten Seite eine größere Weidefläche. Der Bewuchs war spärlich und eher gelblich als grün. Auf dem Areal befanden sich 25 bis 30 Rinder, darunter auch ein Bulle. Während die Damen der Runde friedlich die Nase in den leichten Wind steckten und vor sich hin grasten, schien der Macho Übles im Schilde zu führen. Der offensichtlich liebestolle Riese hatte sich ein attraktives Rindermodell ausgesucht, um dieses von seiner Manneskraft zu überzeugen. Wie im richtigen Leben, wollte die Auserkorene nicht so, wie ihr Lover sich das vorstellte. Sie zierte sich und gab dem Freier einen Korb. Dieser war wohl in seiner Ehre zutiefst verletzt, gab aber trotzdem nicht auf und startete einen zweiten Versuch, der aber auch nicht den erhofften Erfolg zeigte. Der Angreifer schien verdutzt, blieb auf der Stelle stehen und überlegte, was zu tun sei, um zum ersehnten Ziel zu kommen. Nach wenigen Sekunden stand sein Entschluss fest. Er ging aufs Ganze und bewegte seinen massigen Körper in Richtung der vergleichsweise schlanken Rinderdame. Diese war jedoch auf die finale Attacke gut vorbereitet und setzte damit das Klischee der „dummen Kuh“ zumindest in diesem Moment außer Kraft. Sie hatte nämlich ein Loch im Zaun entdeckt, und ehe man sich versah, war sie außerhalb der Weide. Der Bulle, nun völlig fassungslos, kam gerade noch durch eine Vollbremsung vor dem defekten Gatter zum Stehen. Die restlichen Tiere der Rinderherde erfassten aber sofort die Situation und nutzen den Weg in die Freiheit, indem sie sich einzeln durch das Zaunloch zwängten und hinter der wartenden Hauptakteurin Aufstellung nahmen. Der „gehörnte Bulle“ hatte nun wohl die Nase von Frauen voll und versuchte sich zu beruhigen, indem er widerwillig einzelne Grashalme aus dem Boden zupfte.

Dieses kleine Schauspiel hatte ich aus sicherer Entfernung beobachten können und dabei herzhaft lachen müssen. Doch mir verging schnell das Lachen, denn nun hatte ich ein Problem. Die gesamte Herde stand auf der schmalen Straße, die in den Ort führte und versperrte mir den Weg. Was tun? Ich wollte und musste weiter. Die Tiere haben bestimmt mehr Geduld als ich, dachte ich. Also musste ich an der Gruppe vorbei oder vielleicht sogar hindurch. Plötzlich erscheinen einem die sonst so süßen, friedlichen Geschöpfe als riesige Monster. Würden sie mich vorbei lassen? Ich nahm all meinen Mut zusammen, umfasste den Griff meines Wanderstabes wie einen Schraubstock und setzte mich in Richtung Hindernis in Bewegung.

Als ich mich den Tieren auf etwa 10 m genähert hatte, hob ich zu meinem körperlichen Schutz meinen Stock und bewegte ihn in einem Radius von 180 Grad langsam hin und her. Statt, wie von mir erwartet, eine Gasse für mich frei zu geben, trottete das Vieh in Richtung Ortsmitte los. Es waren noch gut 350 Meter, bis die Häuser von Don Antonio erreicht waren, aber ich hatte die Herde fest im Griff. Das war etwas anderes als mit „Bello" Gassi zu gehen, und es machte mir zunehmend Spaß, den Cowboy zu spielen. Doch der Spaß nahm ein jähes Ende. Mittlerweile war ich übermütig geworden und trieb die Tiere mit schnalzender Zunge an, schneller zu laufen, als ein Traktor aus dem Ort kommend auf die Rinder zufuhr. Neben dem Fahrer saßen zwei weitere Männer auf dem Gefährt und fuchtelten mit den Armen in der Luft herum. Ihre Zeichen waren eindeutig, jetzt ist Schluss mit lustig! Ihre Gesichter sprachen Bände, die Herren waren stocksauer. Sie riefen mir Dinge zu, die ich nicht verstehen konnte, was vielleicht auch besser für mich war. Ich grüßte sie mit einem freundlichen „buen camino", was die Viehbauern noch mehr in Rage brachte. Das landwirtschaftliche Fahrzeug stoppte unmittelbar vor den Nutztieren und die beiden Beifahrer sprangen auf die Straße, um die Herde aufzuhalten. Hierbei redeten sie unaufhörlich auf mich ein, wobei ihr Gesichtsausdruck nicht gerade freundlich war. Ich verzichtete auf eine weitere Konfrontation und entfernte mich schnell vom Ort des Geschehens. Das war mein Beitrag zur globalen Weltanschauung: Ein DEUTSCHER Pilger spielt auf SPANISCHEM Boden den AMERIKANISCHEN Cowboy. Und wie war das jetzt mit den Träumen?

Zufrieden mit mir selbst und meiner Umwelt ging ich weiter. Es waren noch ca. 2:45 Stunden bis zum Tagesziel, als mein Handy klingelte. Am anderen Ende der Leitung war unsere Freundin Natascha die Chefin des Literaturkreises Denia. Sie erkundigte sich nach meinem Befinden und erinnerte mich an die Live-Schaltung, die für den 5. Oktober geplant war. Dazu später mehr.

Diese Unterkunft hier genauer zu beschreiben würde den

Rahmen des Kapitels sprengen. Aber es war so romantisch und außergewöhnlich, dass Brigitte gleich für drei Tage gebucht hatte und mit der Inhaberin Teresa sofort Freundschaft schloss, die übrigens heute noch Bestand hat.

Nachdem wir uns getroffen hatten, zeigte mir meine Liebste das Haus, in dem wir alleine wohnten. In der geräumigen Küche öffnete sie den Kühlschrank. Dieser war gefüllt mit vielen Leckereien, dass mir das Wasser im Munde zusammenlief. Auch diverse Getränke erfreuten meine Augen. Als ich eine Flasche Rotwein aus dem Schrank nahm, um mir die „technischen Daten" des Inhaltes anzuschauen, erzählte mir Brigitte von einer Weinprobe der besonderen Art.

Beim Lebensmitteleinkauf in einem kleinen Tante-Emma-Laden wurde Brigitte aufgefordert, die Bodega des Hauses zu einer Weinprobe zu besuchen. Dieses Weinlager war dem Verkaufsraum angegliedert und nur durch einen verschlissenen Vorhang abgetrennt. Erwartet der Weinkenner nun ein angemessenes Ambiente, so wird die Enttäuschung groß sein, da der zur Verkostung bereitgestellte Wein in Plastikflaschen lagerte. Diese Flaschen hatten bestimmt schon bessere Zeiten erlebt, als sie reinstes Mineralwasser beinhalteten. Damit nicht genug, es gab nämlich keine Gläser. Die edlen Flüssigkeiten sollten so wenig wie möglich ihres Geschmackes verlieren, also von der Flasche direkt in den Mund oder passender ausgedrückt, von Mund zu Mund ...! Von Hygiene keine Spur, denn vor Gott sind bekanntlich alle Menschen gleich. Brigitte traute dem Inhalt der Flasche mehr als ihrem Gaumen und verzichtete auf den zweifelhaften Genuss.

Während sie mir dies erzählte, schlug ich zufrieden die Tür des Kühlschrankes zu. Ich war mir sicher, dass wir die kommenden drei Tage wie im Schlaraffenland leben würden. Doch am nächsten Tag gab es eine unerwartete Überraschung.

Ich verschwieg, dass ich auf den letzten Kilometern des heutigen Tages Schmerzen in der Brust verspürte.

Ein nächtlicher Blick auf meine Armbanduhr zeigte mir, dass heute, Samstag, der 26. September 2009 war. Der Uhrzeiger bewegte sich in Richtung 04:00 Uhr morgens, noch zu früh um aufzustehen. Es war bisher eine sehr unruhige Nacht, denn auf dem kleinen Platz vor unserem Haus feierten wohl einige Spanier ihre private Fiesta. An einen erholsamen Schlaf war da nicht zu denken. Ich wälzte mich noch etwa zwei Stunden hin und her, konnte aber keinen Schlaf mehr finden. Um kurz nach 06:00 Uhr in der Früh stand ich auf, bzw. versuchte es.

Mein Parkinson hatte wohl Sorge, ich könnte die Krankheit vergessen haben, denn er erinnerte mich mit zwei kräftigen Wadenkrämpfen an seine Existenz. Der ganze Körper war, gemessen an den Vortagen, ziemlich unbeweglich, ja nahezu steif. Ich bekam einen Schreck und erinnerte mich daran, dass ich meine Medikamente nur sehr unzureichend genommen hatte und sie teilweise völlig vergessen hatte. Dafür bekam ich jetzt die Quittung. Langsam versuchte ich, eine Sitzposition auf dem Bettrand zu finden. Das gelang auch nach mehreren Versuchen. Ich wusste, es würde noch einige Zeit dauern, bis ich mich wieder einigermaßen normal bewegen konnte. So brauchte ich noch zwei weitere Stunden, bis ich auf die Piste gehen konnte. Aber auch dort lief es überhaupt nicht rund, ich quälte mich, um vorwärts zu kommen.

Unabhängig von dem Medikamentenmangel hatte ich offensichtlich ignoriert, dass die vergangenen zwei Wochen in meinem Körper auch Spuren hinterlassen hatten. Der Kräfteverschleiß bei diesen Temperaturen war wohl größer als ich zugeben wollte. Aber ich musste weiter, immer weiter. Und so schleppte ich mich von Meter zu Meter und von Kilometer zu Kilometer. Meine Umgebung nahm ich bewusst gar nicht wahr, zu sehr war ich mit mir und meinem körperlichen Zustand beschäftigt.

Ich kam wieder in die Realität zurück, als ich ca. 250 m vor mir in einem lichten Waldstück ein Auto bemerkte. Der Wagen parkte dort oder war sogar abgestellt. Personen waren nicht auszumachen. Der Farbton des Wagens kam mir bekannt vor, ich wusste ihn aber nicht zuzuordnen. Mir wurde etwas mulmig in der Magengegend. Was hatte ein PKW in dieser menschenleeren Gegend zu suchen, zumal es keine Zufahrtstraßen gab. Ich ging weiter. Jetzt konnte ich erkennen, um was für ein Fahrzeug es sich handelte. Plötzlich wusste ich auch wieder, für was der signifikante Farbton stand. Es war ein Einsatzfahrzeug der „Guardia Civil“, der immer noch berüchtigten, spanischen Polizeitruppe. Doch was sollte das zu bedeuten haben? Meine

Neugier war größer als meine inneren Warnmechanismen, und so ging ich langsam und mit klopfendem Herzen auf das Objekt zu.

Als ich noch ca. fünf Meter vom Polizeiauto entfernt war, schaute ich mich nochmals um, aber ich war alleine im schummrigen Licht des Waldes. Zögerlich legte ich die wenigen Meter zurück und schaute durch die Fensterscheibe ins Innere. Ich traute meinen Augen nicht. Da lagen zwei uniformierte Beamte und schliefen den Schlaf der Gerechten. Ihre Dienstmützen hatten sie auf die Ablage des Armaturenbrettes gelegt. Sie waren sozusagen „außer Dienst". Das änderte sich aber innerhalb weniger Sekunden. Der Polizist auf dem Beifahrersitz hatte wohl eine innere Eingebung. Er öffnete plötzlich seine Augen und unsere Gesichter waren nur durch die Fensterscheibe getrennt. Instinktiv zuckte seine rechte Hand in Richtung Dienstpistole. Gott sei Dank war der Ordnungshüter wach genug, um zu erkennen, dass ich Pilger war und keine bösen Absichten hegte. Ich grüßte freundlich, wartete jedoch keine Antwort ab und machte mich schnell vom Acker. Den Beamten war es wohl auch lieber, diesen Vorfall nicht in ihren Dienstbüchern notieren zu müssen und so hatte diese Story ein Ende.

Ich hatte die schlafende Staatsgewalt immer noch im Kopf, als ich in der Luft ein Motorengeräusch hörte, das wohl von einem Flugzeug kam. Bei der Vorbereitung dieser Tagesetappe hatte ich im Reiseführer den Hinweis auf einen Flugplatz gelesen. Da der zeitliche Rahmen passte, war das Flugzeug nichts Besonderes. Der Wald wechselte in landwirtschaftliche Felder. In einiger Entfernung sah ich bereits die Wellblechbaracken des „Aeroclub de CACERES". Ebenso konnte ich beobachten, wie das Flugzeug zur Landung ansetzte, der Blick auf die Landebahn war mir noch verwehrt. Es ist an sich schon sehr ungewöhnlich, dass man ein Flugplatzgelände so ohne Weiteres betreten kann.

Es vergingen weitere Minuten, bis ich in die Nähe der Start- und Landepiste kam. Konnte ich diese wirklich überqueren, ohne mir Ärger einzufangen? Ich schaute nach rechts und links, aber alles war menschenleer und Absperrvorrichtungen waren nicht vorhanden. Das Flugzeug, eine gar nicht so kleine Sportmaschine, hatte ich schon wieder vergessen, als ich an den Rand der Startbahn trat. Als ob ich eine stark befahrene Straße überqueren wollte, blickte ich zuerst nach links und dann zur rechten Seite. In diesem Moment heulte der Flugzeugmotor auf und der kleine Flieger, der noch weit weg von mir war, begann schneller zu rollen. Ich war wie erstarrt und blieb wie angewurzelt stehen. Doch die Maschine verringerte ganz unerwartet ihre Geschwindigkeit. In der Kanzel konnte ich zwei Personen erkennen, die jetzt auch in meine Richtung blickten. Der Geräuschpegel des Motors sackte merklich ab, und das Flugzeug wurde immer langsamer, bis es ca. 100 m von mir entfernt zum Stillstand kam.

Einer der beiden Insassen gab mir durch ein deutliches Handzeichen zu verstehen, dass ich die Startbahn überqueren konnte. Ich war völlig verdutzt und so durcheinander, dass ich nach einem Zebrastreifen Ausschau hielt. Natürlich gibt es auf einer Flugpiste so etwas nicht. Da ich immer noch zögerte – ich dachte ich wäre in einem falschen Film – wiederholte der Pilot seine freundliche Geste. Obwohl keine Gefahr bestand, rannte ich schnell auf die andere Seite, denn ich traute der merkwürdigen Situation nicht wirklich. Aber es passierte nichts. Ich drehte mich noch einmal um und erhob den Daumen.

Hatte der Pilot seinen Flieger wegen eines Pilgers zum Stehen gebracht oder spielten andere Dinge hierbei eine Rolle? Das werde ich wohl nie erfahren. Aber es wird mir für immer im Gedächtnis bleiben, als eine der verrücktesten Kuriositäten meines Lebens.

Jetzt waren es noch etwas mehr als 17 km bis zu meinem

Tagesendpunkt. Die kurz vorher erlebten Dinge schwirrten in meinem Kopf herum und verschafften den grauen Zellen viel Arbeit.

Unterwegs, an einem Rastplatz, der zu einer Tankstelle gehörte, traf ich erneut auf die beiden Amerikanerinnen. Das unverhoffte Wiedersehen war sehr herzlich. Außenstehende hätten den Eindruck gewinnen können, hier träfen sich langjährige Freunde. Wir plauderten mehr als eine Stunde miteinander, bis wir ganz erschrocken feststellten, dass wir weiter mussten, unseren Zielen entgegen. Vor dem Abschied überreichte ich den beiden noch ein Exemplar meines ersten Buches, versehen mit einer persönlichen Widmung. Wenn der Prophet nicht zum Berg geht, so muss der Berg zum Propheten, dachte ich und freute mich zusätzlich darüber, dass jetzt dieses Buch den Weg über den großen Teich antreten sollte. Übrigens besteht heute noch Kontakt per Mail zu den beiden.

Am Ende der heutigen Etappe traf ich mich mit Brigitte und wir fuhren zurück in unser wunderschönes „casa rural" in Aldea del Caño. Eigentlich hatte ich heute genug erlebt, mein Bedarf war ausreichend gedeckt. Während der Rückfahrt erzählten wir von unseren Erlebnissen des Tages. Unser Gespräch führte aber unsere Gedanken immer wieder zu dem gut gefüllten Kühlschank in unserer Unterkunft.

Voller Freude auf ein gutes Abendessen gingen wir zügig in Richtung Zimmer, um uns frisch zu machen. Der Weg dorthin führte direkt an der Küche vorbei. Es roch „verdächtig" nach gutem Essen. Wir schauten in die rustikale Kochstube und trafen dort auf zwei Personen. Wie sich schnell herausstellte, handelte es sich um eine Dame aus Italien und eine aus Deutschland. Der Kleidung nach zu urteilen waren es Pilgerinnen. Wir grüßten freundlich und erhielten auch einen Gruß zurück. Die deutsche Pilgerin beobachtete interessiert die Zubereitungskünste der südeuropäischen Köchin. Brigitte hatte sofort den Durchblick, verhielt sich aber äußerst diplomatisch, als sie beiläufig erwähnte, dass sie exakt das gleiche Essen heute Abend auch kochen wollte und die erforderlichen Lebensmittel schon eingekauft habe. Die für Italien Kochende war wohl in der englischen Sprache nicht so fit und verstand Brigittes Anspielung völlig falsch. Sie erklärte, dass noch jede Menge Lebensmittel im Kühlschrank ständen, die wohl von der Hausbesitzerin extra für die Übernachtungspilger bereitgestellt worden waren. Um das zu dokumentieren, öffnete sie die Kühlschranktür, damit wir einen Blick auf all die Köstlichkeiten werfen konnten.

Nun wurde Brigitte deutlicher und informierte mit leicht verschärftem Ton, dass es sich um ihre Lebensmittel handele, die im Kühlschrank sind bzw. waren. Sophia, so hieß die Pilgerkollegin, zuckte zusammen. Das saftige Steak, das sie gerade wenden wollte, fiel ihr von der Gabel neben die Pfanne. Sie richtete all ihre Aufmerksamkeit auf die vor sich hin bruzzelnden, goldgelben Eier und den köstlich riechenden Speck. Ihre verzweifelte Gestik verriet, dass ihr die ganze Sache sehr peinlich war. Sie entschuldigte sich und bot an, uns einen entsprechenden Geldbetrag zu erstatten. Da es Samstagabend war, konnte man nichts mehr einkaufen. Brigitte lehnte jedoch noch immer leicht verärgert diese Art der Wiedergutmachung ab und wünschte der Dame einen guten Appetit.

Fragend schaute sie in meine Richtung. Ich hatte mir das kleine Lustspiel angeschaut, ohne jeglichen Kommentar dazu beizutragen. Die zweite Pilgerin schlich sich lautlos aus der Küche. Ihr Verhalten machte sie verdächtig, ebenfalls an der „Plünderung der Lebensmittel“ beteiligt gewesen zu sein. Eine später durchgeführte kleine Inventur ergab, dass auch einige Bierdosen und die Flasche Rotwein fehlten. Die leeren Bierdosen fanden wir am Abend in einem der Papierkörbe in der Küche wieder, die Flasche Wein blieb verschollen. Nicht zu vergessen sei, dass Brigitte aus den kläglichen Resten trotzdem ein leckeres Dinner für uns zubereitete, wenn auch in abgespeckter Form.

Ein langer, aufregender und erlebnisreicher Tag ging zu Ende. Was würde mich morgen erwarten?

Heute, am hochheiligen Sonntag, begann des Pilgers Tun wie jeden Tag. Obwohl ich gestern meine Medikamente genommen hatte, war das Aufstehen wieder sehr mühselig. Ich ließ mich, wie immer, genau an die Stelle zurückbringen, wo ich gestern Schluss gemacht hatte. Das dauerte heute einige Zeit, da wir die Orientierung verloren hatten. Es war noch nicht richtig hell, und es waren kaum Menschen auf der Straße, die wir hätten fragen können.

Wir machten einfach das Beste aus der Situation: Wir beschlossen, die heutige Strecke mit einer Pause zu beginnen, frei nach dem Motto: „Man gönnt sich ja sonst nichts." Wir fanden sehr schnell eine Bar, tranken Kaffee und nahmen ein Croissant dazu. Da wir die einzigen Gäste waren, kamen wir mit dem Chef dieser Kneipe ins Gespräch und erfuhren dabei mehr über die Stadt CACERES, in der wir uns gerade befanden. Die Stadt war damals, bis zum Jahre 1170 in islamischer Hand und fiel dann für kurze Zeit wieder in die Hände der Christen. Zur gleichen Zeit wurde der Orden der Jakobusritter gegründet, der sich u. a. dem Schutz der Pilgerwege verschrieben hatte. Wir befanden uns mal wieder auf historischem Gelände und hatten so ganz nebenbei etwas dazu gelernt. Fast hätten wir vergessen nach dem „Camino" zu fragen, aber der freundliche Mann hinter dem Tresen gab uns von sich aus gute Ratschläge.

Ich entfernte mich jetzt zu Fuß von Cáceres in Richtung CASAR DE CACERES. Mein Tagesziel war aber der Tajo-Stausee. Für meine Verhältnisse eine riesige Distanz von über 30 km. Ich wusste nicht, ob ich dies schaffen würde. Meine Brustbeschwerden von gestern hatte ich längst aus meinem Gedächtnis gelöscht. Eine wunderschöne Landschaft entschädigte mich für die Entbehrungen, die mir abverlangt wurden. Der Marsch durch Weiden mit vielen Rinderherden, vorbei an alten römischen Meilensteinen und der Blick auf das 2.600 m hohe Gebirge der SIERRA DE GREDOS boten Abwechslung genug. Berauschend auch die Ausblicke auf den Stausee, der eingebettet in die Natur wie ein Edelstein glänzte.

Um es kurz zu machen, ich schaffte diese Strecke, war aber danach ziemlich kaputt. Die große Hitze an diesem Tage hatte einen erhöhten Flüssigkeitsverlust zur Folge, der auch durch vieles Trinken kaum auszugleichen war. Auch hatte ich bemerkt, dass mit meinem rechten Schuh etwas nicht so war, wie es sein sollte. Eine spätere Kontrolle ergab, dass die Sohle an einer kleinen Stelle angebrochen war. Brigitte flickte dieses

Handicap mit Sekundenkleber und ich konnte nur hoffen, dass der Schaden nicht größer wurde, da das Wechseln in nicht eingelaufene Schuhe bei solchen Belastungen ein großes Problem darstellt.

In der Unterkunft angekommen plagten mich Kopfschmerzen, verursacht durch die heftige Sonneneinstrahlung während des gesamten Tages. Beide Füße taten mir weh, infolge der teilweise extrem schlechten Wegstrecken. Ich musste mir eingestehen, ich hatte mich übernommen! Ein Ruhetag hätte mir sicherlich gut getan, aber ich wollte weiter, immer weiter, denn jeder Schritt zählt.

Der nächste Tag, insbesondere der Vormittag, war eine Katastrophe. Von den Anstrengungen des Vortages noch total gebeutelt, fühlte ich mich kraftlos und leer. Die ohnehin schon sehr hohen täglichen Anforderungen, die ein Pilger meistern muss, stellten für mich mit meinem Parkinson eine ganz andere Dimension dar. Ich musste dauernd sehr konzentriert sein, um einen Sturz zu vermeiden. Manchmal schienen meine Füße am Boden zu kleben und machten die Fortbewegung unmöglich. Parkinson ist eine Krankheit, die jeden Tag ein Stückchen an seinem Opfer nagt. Besonders, wenn es einem nicht so gut geht, beschäftigt sich der Geist mit den zu erwartenden Konsequenzen für die nahe und mittlere Zukunft.

So haderte ich gedanklich mit meiner Krankheit, anstatt

mich mit der heute zu bewältigenden Pilgerstrecke auseinander zu setzen. Wie ich die ca. 20 km heute schaffen wollte war mir ein Rätsel. Der Streckenplan kündigte ein ständiges Auf und Ab an, das heißt viele Tempowechsel, die mir überhaupt nicht lagen. Ich spielte mit dem Gedanken, einen Ruhetag einzulegen. Das widersprach aber meinen mir selbst gesetzten Vorgaben, wonach ich ohne einen Tag Pause mein Ziel in Santiago erreichen wollte. Ich schüttelte den Kopf und verwarf diesen Gedanken sofort wieder.

Mittlerweile stand ich nach einigen Versuchen auf wackeligen Beinen neben meinem Nachtlager. Mein Kreislauf schien aber noch zu schlafen, denn mir war arg schwindelig. Ich machte einige Lockerungsübungen, um die Blutzirkulation anzukurbeln. Nach einer endlos scheinenden Zeitspanne war ich dann bereit, den Kampf gegen mich selbst zu beginnen.

Brigitte fuhr mich an die Eingangsposition, wo ich wie ein nasser Sack die Piste betrat und losmarschierte. Es wäre leichter aufzuzählen, welche Körperteile mir nicht wehtaten. Mein Rucksack erschien mir doppelt so schwer wie sonst, und es war nicht einfach den einen Fuß kontrolliert vor den anderen zu setzen. Selbst mein treuer Schrittzähler gab seinen Geist auf und versagte nach ca. 330 registrierten Kilometern seinen Dienst. Heute schien gar nichts zu funktionieren! So schleppte ich mich mühselig von Kilometer zu Kilometer, es schien nicht richtig vorwärts gehen zu wollen.

Es war das Klingeln meines Handys, das mich aus meinem Selbstmitleid riss. Ich fummelte das Telefon aus der Hosentasche und drückte auf den grünen Knopf, der die Verbindung freigab. „Guten Morgen, hier ist Gisela“, hörte ich ihre sympathische Stimme. „Wie geht es dir heute und wo bist du?“, fragte sie mich. Ich erstattete Bericht, verschwieg aber meinen schlechten Zustand. Doch meine liebe, feinfühlige Gisela hatte mit dem untrüglichen Gespür einer Frau längst bemerkt, dass ich nicht so fit war, wie ich vorgab. Sie empfahl mir, mal einen Ruhetag einzulegen, wobei sie diese mahnenden Worte äußerst diplomatisch verpackte. Ich ließ jedoch keinen Zweifel an meiner Entschlossenheit, ohne Pause durchzumarschieren. Wir plauderten noch einige Minuten, ihre treffenden Worte, ihr Einfühlungsvermögen, ihre Fürsorge taten mir so gut und gaben mir einen unerwarteten Motivationsschub. Dieser Anruf kam genau zum rechten Moment. Nach Beendigung unseres Telefonates erinnerte ich mich daran, wie viele Menschen mir Glück gewünscht hatten für meinen langen Weg nach Santiago. Ich wollte und durfte sie nicht enttäuschen. Giselas Art der „Telefonseelsorge“ entwickelte in mir neue Kräfte. Ich nahm meine Umwelt nun wieder bewusst wahr und ging meinem Tagesziel neu gestärkt entgegen.

Wir fuhren noch einmal zurück in unser „casa rural“. Dort erwartete mich eine Überraschung, denn eine kleine regionale Zeitung hatte um ein Interview gebeten. Wegen der möglichen sprachlichen Hürden übernahm Teresa diese Aufgabe. Dazu noch einige Fotos und alles war „im Kasten“. Dies war ein netter Abschluss des Tages. Doch so richtig wohl fühlte ich mich immer noch nicht.

Der neue Tag begann wie der vorherige Morgen mit körperlichen Schwierigkeiten. Mein Parkinson wollte unbedingt die Regie des heutigen Tages übernehmen. Auf der Bettkante sitzend begann ich ein Gedankengespräch mit meinem Widersacher. „Hör mal gut zu, mein lieber Freund. Du bist ein ungebetener Gast auf dieser Reise. Keiner hat dich aufgefordert, an dieser Tour teilzunehmen, du bist einfach mitgekommen, ohne zu fragen. Wenn ich dich nun mal mit durchschleppen muss, dann aber bitte zu meinen Bedingungen und nicht so wie du es willst. Du hast dich mir unterzuordnen und nicht umgekehrt. Also gib Ruhe und mische dich nicht in Dinge ein, die dich nichts angehen. Ich bin nämlich stärker als du, und es wird gemacht was ich will. Und damit basta!"

Ich steigerte mich förmlich in diese Rolle hinein und war über mich selbst erstaunt, welches Selbstbewusstsein ich an den Tag legte. Offensichtlich hatte meine Gardinenpredigt Erfolg, denn ich sprang entschlossen von der Matratze auf den Boden der Realität. Mein (Kampf-)Geist war voll einsatzbereit, mein Körper aber noch nicht, mir tat einfach alles weh. Erschwerend kam hinzu, dass wir heute Morgen unsere Unterkunft verlassen mussten, die schöne Zeit hier gehörte der Vergangenheit an. Nun war Aufräumen und Zusammenpacken angesagt. Während ich mit mir selbst genug zu tun hatte, hatte Brigitte bereits den vollen Überblick und erledigte mit gewohnter Routine die erforderlichen Aufgaben. Die Verabschiedung von unserer „Herbergsmutter" Teresa war emotional und herzlich. Wir waren als Gäste gekommen und nun gingen wir als Freunde.

Nachdem wir unsere Einstiegsstelle für den heutigen Tag erreicht hatten, schulterte ich meinen Rucksack und begann einen, im wahrsten Sinne des Wortes, steinigen Tag. Meine Psyche entsprach der vor mir liegenden Streckenführung, es war ein ständiges Auf und Ab. Gäbe es einen „Welt-Tor- und Welt-Zaun-Tag“, so müsste der heute, am 29.09.2009 sein. Ein großer Teil des Weges ging an Zäunen entlang, wobei vom Maschendrahtzaun bis zum Stacheldrahtzaun alles vertreten war, was Rang und Namen in der Zaunbranche hatte. Hinzu kamen eine Unzahl an Toren und Gattern, die es zu durchqueren galt. Es waren die abenteuerlichsten Konstruktionen zu besichtigen. Zudem musste man alle diese Hindernisse öffnen und wieder sorgfältig verschließen, damit die dort lebenden Tiere sich nicht selbstständig machen konnten. Das hatte für mich Vor- und Nachteile. Wer mich kennt, weiß, dass ich technisch völlig unbegabt bin. Hätte der liebe Gott mir drei Hände gegeben, so wären das alles linke. So stand ich manchmal vor dem geschlossenen Gatter und musste erst einmal verstehen, wie der jeweilige Verschluss zu betätigen war. Für ein geübtes Auge kein Problem, aber für mich … Der Vorteil bestand jedoch darin, dass ich von meinen trübseligen Gedanken abgelenkt wurde, weil meine Gehirnzellen plötzlich andere Aufgaben zu bewältigen hatten.

Wegen dieser vergleichsweise lächerlichen Probleme darf ich aber eines nicht vergessen: die „calzadas romanas“, die Römerstraßen. Diese ca. sechs Meter breiten, befestigten Fahrwege waren Meisterwerke damaliger Baukunst. Die Strecken waren zur Mitte hin leicht erhöht, damit das Regenwasser abfließen konnte. Als ich über diese geschichtsträchtige Straße ging, kamen mir alte Römerfilme in den Sinn. Ich sah in meinen Gedanken die römischen Heere in voller Bewaffnung zu Pferde und zu Fuß, begleitet von ihren Streitwagen, über diese Straße ziehen. Ihre farbenfrohe Kleidung leuchtet

im grellen Sonnenschein des Tages. Ich dachte an Ben Hur und Spartakus, an die bekannten Darsteller dieser Helden Charlton Heston und Kirk Douglas. Meine Gedanken verfolgten die kämpfenden Gladiatoren und die tobenden Menschenmassen in den großen Arenen der damaligen Zeit. Ich wartete auf die Entscheidung des römischen Kaisers, dessen Daumen über Leben und Tod richtete. Der Daumen des Diktators senkte sich und der Aufschrei, der aus tausend Kehlen erzeugt wurde, ließ das Gemäuer des alten Gebäudes erschüttern … und mich in die Realität zurückrufen. Als letztes Gedankenbild war da der zu Boden stürzende Gladiator zu sehen. Aber ich selbst war es, der ins Straucheln geraten war und ich musste mich energisch zusammenreißen, um nicht auf dem Boden der Geschichte zu landen.

In GALISTEO war dann für heute Schluss mit der Pilgerei. Ich war glücklich und zufrieden, dass ich die heutige körperliche und geistige Belastung überstanden hatte.

Brigitte berichtete mir freudestrahlend, dass sie in BANOS DE MONTEMAYOR ein kleines, bescheidenes aber sauberes Zimmer gefunden hatte. Bis zu diesem Ort waren noch reichlich Kilometer zu fahren, aber das entsprach ja unseren Vorstellungen, damit wir wieder mehrere Übernachtungen an gleicher Stelle hatten.

Heute war der letzte Septembertag, und es sollte der erste Tag mit Regen werden. Ich wusste am Morgen noch nicht, dass ich heute besonders lange auf meinen Pilgerbeinen laufen musste. Brigitte, die gute Seele des Unternehmens, brachte mich zurück an den Endpunkt von gestern.

Wieder einmal war ich völlig alleine auf der Strecke, kein Mitpilger zu sehen. Ich machte mich auf den Weg in Richtung CARCABOSA. Dieser Ort liegt ca. elf Kilometer entfernt, also überhaupt kein Problem für mich. Doch ich wurde eines Besseren belehrt. Meine Fußgelenke meldeten sich energisch aus der Nachtruhe zurück. Von einer auf die andere Minute wurden die Schmerzen stärker und stärker. Nach wenigen hundert Metern konnte ich nicht mehr, ich blieb einfach stehen. Die Pein wurde sofort erträglicher. Man muss nicht besonders schlau sein, um zu wissen, dass man nicht weiterkommt wenn man stehen bleibt. Die Kenntnis über diese bedauerliche Tatsache bewegte mich weiterzugehen. Aber es war nicht mehr als ein Versuch, denn nach wenigen Metern war wieder Schluss. Ich setzte mich an den Rand des Weges auf den Boden und verharrte dort einige Minuten. Mein Verstand rüttelte an mir und erklärte, dass Sitzen ebenfalls keine Lösung wäre, um voranzukommen. Ich zog meinen Rucksack näher zu mir hin und öffnete die medizinische Abteilung. Notdürftig versorgte ich die Füße mit schmerzlindernder Creme und legte noch zwei Verbände um die Gelenke. Ich raffte mich hoch, schloss den Rucksack und hängte ihn zurück auf meine Schultern. Langsam und vorsichtig versuchte ich weiterzugehen. Es ging kaum, aber es musste gehen. Wieder einmal half mir mein Motto: „Weiter, immer weiter…"

Mittlerweile hatte es angefangen zu regnen. Es war ein sanfter Nieselregen, den ich zunächst gar nicht bemerkte. Die Schmerzen in meinen beiden Gelenken brachten mich um den Verstand. Ich wusste aber aus früher gemachten Erfahrungen, dass dieser Schmerz in eine Art Bewusstlosigkeit fallen würde, wenn man einfach weiterläuft. So muss es denn auch gewesen sein, da meine Aufmerksamkeit nun den stärker gewordenen Niederschlag registrierte. Ich hatte nur eine dünne Windjacke an und war bereits ziemlich nass. Ein Blick in den Himmel sagte mir, dass der Regen noch andauern würde, also brauchte ich meine Regenkleidung aus dem Rucksack. Der Kunststoffmantel, in der blauen Farbe des streikenden Stahlarbeiters, klebte beim Auseinanderfalten und war offenbar schon elektrostatisch aufgeladen. Ich spürte meinen Parkinson, denn mit der Koordinierung klappte es überhaupt nicht. Der Niederschlag nutzte die Situation schändlich aus, er schüttete alles auf mich herab, was ihm zur Verfügung stand. Hätte mir jemand zugeschaut, so wäre er sicher gewesen, dass hier ein Film mit „Mr. Bean" produziert wird.

Inzwischen war ich völlig durchnässt und fragte mich, was das ganze Theater überhaupt noch solle, zumal ich die sechs Druckknöpfe nur mit hoher Konzentration verschließen konnte. Die ganze Aktion, man glaubt es kaum, hatte ca. 20 Minuten gedauert. Petrus hatte wohl von oben aus alles beobachtet, denn als ich den letzten Knopf verschlossen hatte, hörte es schlagartig auf zu regnen. Ich war stocksauer und fluchte laut vor mich hin. Sollte ich etwa den „Designerfummel" wieder ausziehen? Ich beantwortete mir meine Frage umgehend mit einem klaren „Nein", setzte meinen Schlapphut auf den pitschnassen Kopf und marschierte missmutig weiter. Um mich so richtig zu ärgern, schickte der Wettergott nun noch seine strahlende Sonne durch die Restwolken.

Trotzig lief ich die nächsten Kilometer in „Blau“. Doch die Sonneneinstrahlung wurde langsam so intensiv, dass ich stark zu schwitzen begann. Ich fühlte mich wie eine Fleischwurst im Kunstdarm. Die blaue Pelle musste wieder ab! Ich erspare dem Leser die Beschreibung des darauf folgenden Dramas.

Als Entschädigung für meine „Qualen“ überraschte mich Brigitte in CARCABOSO mit ihrer Anwesenheit. Sie saß auf der Terrasse einer Bar und winkte mir freudestrahlend zu. Die Bar gehörte einem Spanier, der lange Zeit in Holland gelebt hatte. Sein Sprachenmix aus Spanisch, Englisch, Niederländisch und Deutsch war sehr lustig und machte ihn sehr sympathisch.

Bis zum nächsten Ort, ALDEANUEVA del CAMINO waren es noch fast 40 km. Diese Distanz konnte ich nie in einem Rutsch bewältigen. So beschloss ich, so weit zu gehen, wie es mir mein Körper und mein Schmarotzer Parkinson erlaubten. Ich wollte aber unbedingt heute noch weitere 15 km laufen, damit ich morgen Aldeanueva erreichen konnte. Das erneute Anlaufen nach der Pause hatte zur Folge, dass meine Fußgelenke wieder „betäubt“ werden mussten. Zusätzlich bekam ich Schwierigkeiten mit den Laufflächen beider Füße. Nach einem „Höllenritt“ schaffte ich die 15 km und war an diesem Tage insgesamt neun Stunden auf dem „Camino“.

Ziemlich kaputt kamen wir zurück in unser kleines Hostal. Der Pilgertag war zu Ende.

Als ich am Abend zu Bett ging, sah ich, dass es mich böse erwischt hatte. Doch davon morgen früh mehr.

GUTE NACHT!

Ich hatte eine unruhige Nacht. Eigentlich hätte ich nach den schmerzhaften Anstrengungen des Vortages wie ein Stein schlafen müssen, aber immer wenn meine beiden Körperteile die Bettdecke berührten, durchfuhr mich ein heftiger Schmerz, der eine durchgehende Nachtruhe störte.

Heute war der 1. Oktober 2009. Der September war Vergangenheit und ebenso 19 Tagesetappen auf der Via de la Plata. Vor mir lagen noch mindestens 26-30 Tage Quälerei und Schinderei, aber bestimmt auch eine erlebnisreiche Zeit. Ich zog kurz Bilanz. Es gab kein Zurück, es gab nur den positiven Blick nach vorn. Ich hatte nicht 60 % des Weges vor mir, sondern 40 % geschafft. Das Glas war also halb voll und nicht halb leer.

Ich kugelte mich von der Matratze auf die Beine, doch auch gleich denselben Weg wieder zurück. Die Fußballen fühlten sich nicht gut an. Der Horror aller Pilger hatte mich erfasst: Blasen! Auf beiden Ballen hatten sich diese Monster großflächig ausgebreitet. Ein Blick genügte, um festzustellen, dass hiermit nicht zu spaßen war. Ich unternahm einen neuen Versuch, auf die Füße zu kommen, es war, als würde ich glühende Kohlen betreten. Ich setzte mich auf die Bettkante, immerhin schon ein Fortschritt und überlegte was zu tun sei. Da mir nichts Passendes einfiel, weckte ich kurzerhand meine Pilgerführerin. Dummerweise hatte ich dabei übersehen, dass es erst 05:00 Uhr morgens war. Wer den geheiligten Schlaf der Dame kennt, ahnt jetzt nichts Gutes. Statt eines fröhlichen guten Morgens schlugen mir Laute entgegen, die eher einem Wachhund ähnelten als einer charmanten Reisebegleiterin. Diese warnenden Geräusche waren deutlich und veranlassten mich, meinen kläglichen Weckruf zunächst abzubrechen.

Die verbleibende Zeit, bis 06:00 Uhr, vertrieb ich mir mit Selbstmitleid und innerem Gejammer. Weckversuch Nummer zwei war erfolgreich, es waren jetzt Hinweise eines bewussten Erwachens festzustellen, Körper und Geist meiner Lieben bewegten sich. Gewarnt durch den fehlgeschlagenen Weckruf wartete ich ab, ob die sich entwickelnden Bewegungen in Richtung weiterschlafen oder wachwerden gehen würden. Erst als ich davon ausgehen konnte, mir keine weitere „Zigarre" zu holen, konfrontierte ich Brigitte mit meinen Problemen. Da sie anscheinend doch noch nicht so aufnahmefähig war, wie ich vermutete, verstand sie offensichtlich nur das Wort Blasen, was sie mit Blase verwechselte und mir zu meiner Verwunderung anbot, einen Kamillentee zu kochen. Das war für mich neu, denn ich hatte nie zuvor gehört, dass Tee gegen Blasen am Fuß helfen würde. Aber sie musste es ja wissen, schließlich hatte sie eine abgeschlossene Ausbildung zur Heilpraktikerin vorzuweisen. Trotzdem kamen mir ernsthafte Zweifel und ich hakte nach um das Missverständnis aufzuklären. Ein herzhaftes Lachen signalisierte mir, dass der neue Tag begonnen hatte.

Meine Alternativ-Medizinerin gab mir klar zu verstehen, dass ein bis zwei Tage Pause notwendig wären, um den Füßen etwas Ruhe zu gönnen. Spitzfindig konterte ich, dass es ja nicht um die Füße, sondern um die Blasen ginge und erteilte einer Auszeit eine klare Absage. Ich fingerte einige Pflaster aus der Pilgerapotheke, um sie zum Einsatz zu bringen. Doch da hatte ich die Rechnung ohne Brigitte gemacht. Sie machte mir erhebliche Vorwürfe und unterstellte mir „Altersstarrsinn", wenn ich mit solchen Wunden weiterlaufen würde. Egal! Ich wollte weiter und begann erneut mit den Pflastern zu hantieren. Verärgert über meine Unbeugsamkeit, aber auch wohl wissend, dass sie mich nicht umstimmen konnte, riss sie mir die Dinger aus der Hand und entnahm Mull und elastische Binden der Arzneibox. Dazu diverse Cremes und Puder. In ihrer liebevollen Wut über mich setzte sie wohl besonders strenge Kriterien beim Anlegen der Binden an. Ich hatte zuweilen den Eindruck, von einem Pferdearzt versorgt zu werden. Jedes leichte Aufmucken von mir wurde damit bestraft, dass die Bandagen noch enger gezogen wurden. Die ganze Peinigung dauerte ca. 45 Minuten. Natürlich hatte sie alles richtig gemacht, denn am Ende mussten die beiden Patienten noch ihren Platz in den Schuhen finden. Es passte wie angegossen. Der heutige Tag, die 20. Etappe sollte einer der längsten und

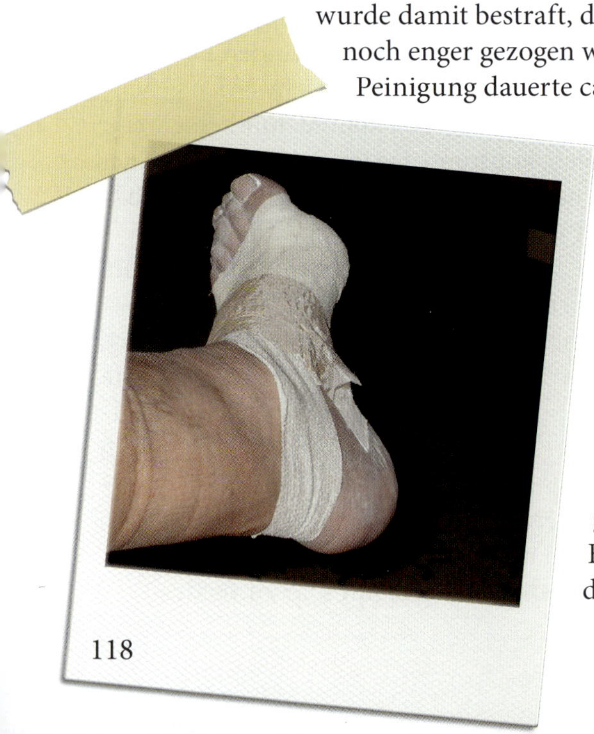

schmerzvollsten meines bisherigen Pilgerlebens werden. Lang, nicht an Stunden oder Kilometern, dies hielt sich alles im gewohnten Rahmen. Aber 60 Minuten fühlten sich an wie zwei Stunden und nach nur 1.000 m dachte ich, ich hätte zwei km hinter mich gebracht. Die Schmerzen unter den Füßen waren stellenweise unerträglich, was dazu führte, viel mehr Pausen zu machen als mir lieb war. Das Wiederanlaufen nach den Ruhephasen glich einem Lauf über ein Nagelbrett. Mein Freund Parkinson nutzte meine Schwächeperioden brutal aus. Er sorgte für zusätzliche Unruhe in meinem Körper, indem er ständig meine Balance störte und mir somit das Weiterkommen erheblich erschwerte. Ich hatte den Blick für Mensch und Natur um mich herum verloren. Ich war nur mit mir und meiner körperlichen Verfassung beschäftigt. Von aufrechtem, strammen Wandern konnte da keine Rede mehr sein. Es war mehr ein Dahinschleppen eines schmerzgepeinigten und kraftlosen Körpers. Doch ich blieb meinem Motto treu …

Zwei Dinge sind mir von diesem Tage in guter Erinnerung geblieben.

Zum einen die römischen Ruinen mit dem imposanten Bogen von CAMPARRA aus dem Jahre 70 v. Chr. Für einige Pilger ist eine Übernachtung im Freien, unter diesem Bogen, ein besonderes und unvergessliches Erlebnis. Meine beiden amerikanischen Freundinnen, Jean und Leah, haben sich dieses Vergnügen gegönnt, wie sie mir Monate später in einer E-Mail berichteten.

Die andere Begebenheit, an die ich mich immer wieder gerne erinnere, trug sich am Nachmittag dieses denkwürdigen Tages zu. Ich schleppte mich eine nicht enden wollende schmale Straße entlang. Es war brütend heiß. Ich war vom Schweiß völlig durchnässt. In in der Ferne hörte ich ein Motorengeräusch, das sich näherte. Es handelte sich um ein Auto, ein älteres FIAT-Modell. Der Oldtimer rollte aus und hielt neben mir an. Am Steuer saß ein junger Bursche, den linken Arm lässig aus dem Fenster hängend. In der rechten Hand hielt er eine Zigarette. Er fragte mich, wohin ich wolle bei dieser Hitze. Hierbei musterte er mich mitleidig. Ich sagte brav mein Pilgersprüchlein auf und ging weiter. Der Wagen folgte mir langsam. Ob ich nicht einsteigen wolle, führte der Spanier seine Befragung fort. Mit einem freundlichen, aber deutlichen „No“ und einem Hinweis auf die Pilgerehre schlug ich dieses „unmoralische Angebot“ aus. Ich brauche mir keine Sorgen zu machen, ließ er nicht locker. Es sei Mittagszeit und der liebe Gott mache eine Siesta, er würde mich also nicht sehen können, wenn ich ein Stückchen in seinem Auto mitfahren würde. Trotz meiner Schmerzen musste ich grinsen. Und wenn der liebe Gott heute einen unruhigen Schlaf hat, fragte ich lächelnd zurück? Der Bursche hatte verstanden, gab Gas und fuhr weiter. Nach wenigen Metern stoppte er noch mal, drehte den Kopf zu mir und rief: „Adios y buen camino!“

Erschöpft und nachdenklich erreichte ich ALDEANUEVA DEL CAMINO. Ich hatte mir vorgenommen noch ca. 8 km weiterzumarschieren, um den Ort unserer Übernachtung zu erreichen. Doch wie bereits geschildert, war von marschieren keine Rede mehr. Ich setzte mich auf einen kleinen Fels am Wegesrand und begann pro und kontra abzuwägen. Letztendlich war klar, dass ich die Strecke so oder so gehen musste, wenn nicht heute dann eben morgen. Es war aber ein anderes Ereignis, welches mich wieder auf meine geschundenen Füße brachte.

Am kommenden Montag, am 5. Oktober, trafen sich, wie an jedem ersten Montag im Monat in Denia an der Costa Blanca die Literatur- und Kulturfreunde. Die Organisatorin Natascha hatte wieder ein tolles Programm vorbereitet und ich war ein Teil dieser Veranstaltung. Wie soll das funktionieren, werden Sie sich jetzt fragen, war ich doch ca. 1.000 km von dort entfernt. Aber die moderne Technik sollte es möglich machen.

Ich wollte unbedingt den Besuchern dieser Veranstaltung verkünden, dass ich mittlerweile mehr als die Hälfte meines Pilgerweges geschafft hatte. Um dies zu realisieren, zählte jeder Schritt und jeder Kilometer der hinter mir lag. Also mobilisierte ich erneut all meine Kräfte und bewältigte das selbst auferlegte Restpensum des Tages. In unserem Hostal angekommen hatte ich nur zwei Wünsche: Schuhe aus und ab ins Bett. Ich zwängte meine geschundenen Füße aus den verstaubten Schuhen. Am liebsten hätte ich die Laufwerkzeuge in den Wanderstiefeln stecken lassen, legte mich, so wie ich war, auf das Bett und schlief sofort ein.

Ich dachte nicht daran, dass ich am nächsten Tag meine inzwischen so geliebte EXTREMADURA verlasse würde.

Mitten in der Nacht wachte ich auf. Es gab kaum eine Stelle an und in meinem Körper, die nicht schmerzte. Dazu kamen Hunger und Durst. Ich schaute auf den kleinen Wecker auf dem Nachtschränkchen, er zeigte 02:15 Uhr an, der neue Tag hatte schon begonnen. Ich selbst war aber, zumindest was die Kleidung anging, immer noch in der Vergangenheit. Ich verzehrte zwei Bananen, sozusagen als Notverpflegung, trank ein wenig Wasser und legte mich wieder ins Bett, nachdem ich mich meiner Pilgerklamotten entledigt hatte. Die Füße meldeten sich kurz, schliefen aber sofort weiter. Ich folgte ihrem Beispiel, schloss die Augen und setzte meine so dringend benötigte Ruhepause fort.

Die Uhr tickte unaufhörlich weiter und so war es nicht das Gefühl, wieder total fit zu sein, das mich von meinem Nachtlager aufscheuchte, sondern der Zwang des Weitermachens. Die ersten zaghaften Lichtstrahlen des beginnenden Tages waren wie lange Finger, die strafend auf mein Gesicht zeigten, um mir unmissverständlich klar zu machen: „Junge steh auf, du musst weiter!“ Das war leichter gesagt als getan, denn das Fleisch wollte nicht so wie der Geist. Hinzu kam, dass ich am Vortag mal wieder meine Tabletten vergessen hatte, was die Beweglichkeit zusätzlich einschränkte.

Brigitte, die inzwischen aufgestanden war, kümmerte sich als erstes um die Verbände an meinen Füßen. Ein kurzer Griff an die Bandagen, ein kritischer Blick, und die Entscheidung stand fest, die Füße blieben so wie sie waren, also verbunden. Erste Gehversuche ließen nichts Gutes ahnen. Es war, als ob Stromstöße durch die beschädigten Körperteile schossen. Die Tatsache, dass heute wieder ein hartes Teilstück vor mir lag, trug auch nicht zur Ermunterung bei. Der Kampf begann aufs Neue.

Noch im Ort trank ich in einer Bar einen „café con leche" und genehmigte mir von meinem Taschengeld ein Croissant dazu. So war mein Magen ebenfalls notdürftig versorgt und es konnte losgehen. Und wie es losging. Sofort 200 m ziemlich steil nach oben. Der dann folgende alte Römerweg war nicht minder anstrengend. Beim Übertreten der Regionsgrenze zu Kastilien und Leon hatte ich bereits einen Teil meiner Kraftreserven verbraucht.

Ich sagte der Extremadura, meinem großen Streichelzoo „Adios" und betrat neue, mir unbekannte Streckenabschnitte.

Der „Camino“ führte jetzt wieder über die Nationalstraße 630, die sich in Serpentinen nach oben quälte. Wenn man beobachtete, dass selbst die Monster-LKW mit ihren PS-starken Motoren ihre Probleme hatten, den Berg zu besiegen, dann war man als kleines Pilgerlein ganz schön stolz auf die eigene Leistung.

Die Provinzgrenze wurde unübersehbar durch große, grüne Hinweistafeln dokumentiert. Am Straßenrand waren Verkehrsschilder montiert, die vor Glatteisgefahr warnten. Schon etwas unglaubwürdig, wenn man auf die bisherigen Tage zurückblickte, die ich bei hochsommerlichen, ja teilweise tropischen Hitzegraden hinter mich brachte. Es war zwar heute etwas kühler, aber ich schwitzte schon wieder gewaltig. Mein Parkinson und meine Blasen schien dies alles nicht zu interessieren, sie schmerzten still, aber ständig vor sich hin. Der eine in meiner Brust, die anderen einiges tiefer, in den Füßen.

In dem kleinen Dorf VALVERDE DE VALDELACASA sollte für heute Schluss sein mit dem Pilgern. Ich hatte mein Tagespensum, trotz äußerst widriger Umstände geschafft und war zufrieden. Über unseren Pilgerfunk informierte ich Brigitte, dass ich hier, in diesem Nest, an der Kirche auf sie warten würde.

Ich legte mein Gepäck auf die kleine Kirchenmauer und schaute in den blauen Himmel, als eine Gruppe älterer Männer näher kam. Sie waren in eine heftige Diskussion verwickelt, die sie abrupt beendeten und mich begrüßten. Sie waren wohl neugierig und genossen diese unerwartete Abwechslung. Als ich ihnen erklärte, dass ich aus Deutschland bin, fuchtelten sie mit ihren Gehhilfen durch die Luft und begannen erneut mit einem schwer verständlichen Geschnatter. Was mag ich wohl falsch gemacht haben, fragte ich mich. Die Tatsache aus Deutschland zu sein? Wohl kaum, denn Deutschenfeindlichkeit ist in Spanien ein echtes Fremdwort. Die „Rentnerband“ ging langsam weiter und ließ mich mit meiner Frage allein. Aber, ich hörte noch Gesprächsfetzen, die den Weg an mein Ohr fanden. Da war die Rede von Angela Merkel, unserer Bundeskanzlerin, von der Automarke Daimler-Benz und von den hohen Benzinpreisen in Deutschland. Ich hatte den Herrschaften offensichtlich neuen Gesprächsstoff gegeben und sie bedankten sich bei mir mit ihrem Wissen über mein Heimatland.

Währendessen hatte ich Brigitte völlig vergessen, doch diese meldete sich per Handy und fragte mich, wo ich denn stecke. „An der Kirche, wie vereinbart“, gab ich ihr wahrheitsgetreu zur Antwort. „Da bin ich auch, kann dich aber nicht finden“, gab sie, mit einem leichten Unterton der Ungeduld zurück. Ich lächelte und dachte „Frauen“! „Mein Schatz, ich gehe jetzt einmal um die Kirche herum, bleibe wo du bist, wir werden uns schon finden.“ Gesagt, getan, ich umkreiste das Gotteshaus aber meine sonst so Zuverlässige war nicht zu sehen. Ich wählte wieder unsere Spezialnummer und hatte Brigitte sofort in der Leitung. „Also, wenn das wieder einer Deiner Späße ist, mit mir Verstecken zu spielen, darauf habe ich heute null Bock“, wetterte sie los. „Wo bist du denn, ich meine in welchem Ort?“, fragte ich zögerlich, um nicht weiter in Ungnade zu fallen. „Na wie besprochen, in VALDELACASA“, kam prompt die Bestätigung. Nachdenklich kratzte ich mich am Hinterkopf, irgend etwas konnte hier nicht stimmen, aber was?

Suchend schaute ich mich um und mir stockte der Atem. Auf einem Begrenzungsstein saß er wieder, der Mann, der mir auf meiner ersten Pilgerreise im Jahre 2007 einige Male auf unerklärliche Weise begegnet und genauso plötzlich wieder verschwunden war. Nun mag man mich für verrückt erklären, immerhin bin ich ja zwei Jahre älter geworden, aber in meiner Betrachtung und Empfindung bestand kein Zweifel, es war mein persönlicher Schutzengel! Wir blickten uns kurz an und er lächelte mir auf eine wundersame Art zu. In diesem Moment hatte ich die Lösung für unser Problem. Zeitgleich mit dem Lächeln kam es mir in den Sinn. Die Namen der beiden Orte waren sich ähnlich. Es bestand in der Tat die Gefahr einer Verwechselung. Ich wartete in VALVERDE DE VALDELACASA und Brigitte stand in VALDELACASA. Eine kurze Verständigung und die Welt war wieder in Ordnung.

Ich schaute zurück auf den Begrenzungsstein. Er war leer, der Mann war weg.

Der neue Tag sollte nicht so glatt verlaufen, wie wir es uns vorgestellt und gewünscht hatten. Die Blasen an meinen Füßen waren wohl „stabil“, aber die Schmerzen beim Gehen plagten mich nach wie vor. Das sollte einige Stunden später noch Auswirkungen auf den weiteren Verlauf des Tages haben.

Da heute ein Quartierwechsel angesagt war, hieß es, in den

frühen Morgenstunden erst einmal die Habseligkeiten einzusammeln. Man musste immer aufpassen, dass nichts vergessen würde, waren doch die Augen noch nicht so ganz wach und der Geist schlummerte noch.

Ich wurde an meiner Einsatzstelle „abgeliefert“ und mir selbst überlassen. Brigitte begab sich auf die Suche nach einer weiteren Unterkunft. Ich hatte gerade begonnen, mich an die Schmerzen zu gewöhnen, als das Handy sich bemerkbar machte. In der Leitung war Brigitte, mit der „frohen Botschaft“, dass das Navigationsgerät kaputt war. Nun sollte man meinen, dass die Pilger vor Jahrhunderten auch ohne so ein Wunderding ihre Ziele gefunden hätten. Da es aber nicht um den „peregrino“ ging, sondern um die Dame im Begleitfahrzeug, beschlossen wir ohne lange Diskussionen eine sofortige Neuanschaffung. Wie der Leser weiß, war unsere Pilgerkasse gut gefüllt (und gut versteckt) und schließlich hatten wir unseren Sekt immer noch nicht getrunken. Wir konnten die nicht geplante Ausgabe also verschmerzen.

Ich humpelte langsam weiter und es wurde mir schnell klar, dass ich in diesem Schneckentempo mein gesetztes Tagesziel nicht erreichen würde. Meine Navigatorin war nach SALAMANCA gefahren und hatte dort das Glück, eine Werbetafel zu sehen mit Hinweisen auf einen großen Elektronikmarkt, dessen Name ich hier nicht nennen möchte. „Ich bin doch nicht blöd“, dachte sie, die haben bestimmt Navis im Angebot. So war´s dann auch und das Reisen wurde wieder etwas einfacher.

Dafür wurde die Zimmersuche umso schwieriger, denn es war wohl ein Feiertag in dieser Region und alle Spanier waren mal wieder auf Achse. Diese leidvolle Erfahrung hatten wir ja auf der ersten Pilgertour zur „Semana Santa“, der Osterwoche machen müssen, wo wir auch stundenlang verzweifelt nach einem Bett gesucht hatten.

Von alldem ahnte ich nichts, ich dachte nur an die TV-

Serie „Soweit die Füße tragen". Meine wollten es nicht mehr lange und so hatte ich keine andere Wahl, als aufzuhören, zumindest für diesen Tag. Ein beschämendes Ergebnis nach nur 10 km. Aber weniger ist manchmal mehr, dachte ich und baute mich selbst wieder auf.

Unsere nunmehr gemeinsame Zimmersuche fand ein kurioses Ende in der Kleinstadt GUIJUELO. In diesem 6.000 Einwohner zählenden Ort war mitten im Zentrum ein Markt aufgebaut. Das hatte ein Verkehrschaos zur Folge, was aber für uns ein Vorteil war, denn wir konnten besser nach einem Hotel Ausschau halten. Glücklicherweise bekamen wir direkt einen Parkplatz in diesem Trubel und betraten das von uns ausgewählte Hotel, jedoch ohne Hoffnung und ziemlich entnervt. Innen war der Teufel los. An der Bar standen die Leute in Dreierreihen und versuchen krampfhaft Getränke zu ergattern bzw. die eigenen zu verteidigen. Das alles wurde mit lauten Worten untermalt. Der Barbetrieb ging nahtlos in den Speisesaal über, wo ca. 90 Leute versuchten gleichzeitig zu essen und dabei zu sprechen, was offensichtlich klappte, denn der Lärm war ohrenbetäubend. Für etwas Abwechslung sollten wohl zwei Fernsehgeräte sorgen, die ganz im Dienste der Gäste noch verschiedene Programme ausstrahlten.

Doch wo war die Zimmerreservierung? Ein messingfarbenes

Schild zeigte die Richtung, wir folgten. Fast hätten wir ihn verpasst, den „Empfang", der eher einem großen Eierkarton ähnelte. An einem in die Wand geschlagenen Nagel hing noch ein Schlüssel. Ob das unsere Chance war? Nach einigen Minuten tauchte ein nervös wirkender Mann auf, der uns fragte, was wir wollten. Ohne dass wir antworten konnten, bot er uns sein letztes freies Zimmer an, mit dem Hinweis, dass es sich um einen Raum mit vier Betten handelt. Egal, wir wollten endlich ein Dach über dem Kopf haben und nickten zusagend. Nach dem Preis fragten wir auch nicht. Gerade als ich den Zimmerschlüssel nehmen wollte, stürzte ein Ehepaar mit zwei Kindern an die sogenannte Rezeption. Die Frau warf einen Zimmerschlüssel auf die wackelige Theke und zeigte mit ihren rot lackierten Fingern auf unseren Schlüssel. Langsam begann ich zu verstehen. Logischerweise gehören vier Personen in ein Vierbettzimmer und zwei Gäste in ein Doppelzimmer. Der überforderte Hotelmitarbeiter hatte ganz einfach die Zimmer verwechselt. Doch diesmal hatte das Missgeschick nur Gutes für alle Beteiligten.

Trotz meiner arg gebeutelten Füße machten wir am Nachmittag einen Bummel durch das Städtchen. Dieses war u. a. durch seine Schinkenproduktion bekannt. An allen Ecken wurden diese Genüsse zum Kauf angeboten. Ein eigenartiger Geruch überlagerte den ganzen Ort. Sicher nicht jedermanns Geschmack.

Unsere „caña" tranken wir in unmittelbarer Nähe der örtlichen Stierkampfarena. Von dort aus beobachteten wir, wie die Menschen, durch Lautsprecherwagen animiert, in die Arena strömten. Auf Plakaten, die ich schon überall in der Stadt gesehen hatte, wurde für diese Veranstaltung geworben, zumal die jungen Torero-Schüler zeigen wollten, was sie gelernt hatten.

Brigitte bemerkte, dass ich mir das Spektakel ansehen wollte und winkte energisch ab. Sie ist eine strikte Verfechterin des Stierkampfverbotes. Ich versuchte, sie zu einem Besuch zu überreden und argumentierte damit, dass es sich um Schüler einer Stierkampfschule handelt, die anlässlich des Feiertages ihr Können demonstrieren durften. Außerdem kämpften sie nicht gegen echte lebendige Tiere, sondern gegen Holzattrappen und anderes selbstgebautes Übungsgerät. Um meine Glaubwürdigkeit zu untermauern, informierte ich sie, dass der Eintritt frei sei, was bei echten Bullfights nie der Fall wäre. Sie gab nach, wohl mehr mir zuliebe, und wir betraten den Ort des Geschehens. Die Arena war gut besucht, aber nicht vollständig besetzt. So wählte ich eine Zuschauerbox in der vordersten Reihe aus, um die zu erwartenden harmlosen Darbietungen bestens verfolgen zu können. Die Gefahr vom Kampfesblut besudelt zu werden, bestand ja nicht, denn Nachbildungen haben bekanntlich keinen Kreislauf. Wir machten es uns bequem und warteten darauf, dass es losging.

Heftige Fanfarenstösse rissen uns aus unseren Gedanken. Jede Menge junger Männer in ihren schönen farbigen Toreroanzügen betraten in Formation die Arena. Das Volk tobte. Es wurden einige Ritualien absolviert, deren Sinn wir aber nicht verstanden. Dann brachten sich einige Stierkämpfer in Position, in der Arena wurde es ruhig. Das schien alles echt auszusehen, selbst die Zuschauer zollten den Schülern Respekt, in-

dem sie einige Sekunden in Stille verharrten, was in Spanien schon einer Sensation gleicht. Nach einem weiteren Trompetensignal wurde eine schwere Holztür aufgeschoben. In Fernsehfilmen hatte ich schon einige dieser Attrappen gesehen. Da waren auf dem Unterteil eines Kinderwagens zwei Räder auf eine Achse montiert und links und rechts zwei verlängerte Griffstangen befestigt, ähnlich wie bei einer Schubkarre. Am Vorderteil ragten zwei Hörner hervor. Die ganze Konstruktion wurde mit Pappe oder alten Textilien zugedeckt. Das Gebilde wird dann von einem Helfer in Richtung Torero geschoben, der dann seine Übungen verrichten kann.

Wie gesagt, die Holztür war jetzt weit geöffnet, jeden Moment wurde der Trainingsstier erwartet. Der kam auch nach wenigen Sekunden, mit einer Geschwindigkeit, die man einer Attrappe nicht zutrauen würde. „Das sieht aber verdammt echt aus", sagte ich zu meiner Partnerin und spürte, wie sich mein Magen verkrampfte. Ironisch dachte ich noch, hoffentlich hat sie nicht bemerkt, dass der Stier keine Räder unter dem Bauch hat. Auch der Anschieber fehlte, was aber kein Wunder war, denn bei der vorgelegten Geschwindigkeit des Ungetüms wäre er eh nicht mitgekommen.

Der Spaß hatte bald ein Ende, denn Brigitte schaute mich mit funkelnden Augen an. Grund genug für mich, meine Taktik blitzschnell zu ändern. Ich versuchte nun, meiner Liebsten klarzumachen, dass es sich bei den Stieren um junge Tiere handele, die nicht getötet würden. Sie ließ sich noch einmal besänftigen. Aber spätestens als der Torero seinen Säbel hinter dem roten Tuch hervor zog, war Schluss mit lustig. Zur Verwunderung der begeisterten Spanier sprang Brigitte auf und rannte in einem Affenzahn zum nahe liegenden Ausgang. Ich natürlich hinterher. Ich erspare dem Leser Auszüge aus der folgenden, sagen wir mal, „Unterredung".

Nur soviel: Der Tag war gelaufen!

Ich hatte wieder einmal eine unruhige Nacht. Doch diesmal war der Grund nicht bei den lauten Hotelgästen und deren Feierstimmung zu suchen. Nein, es waren die Ereignisse, die sich in der Stierkampfarena zugetragen hatten und die mich in meinen wirren Träumen beschäftigten. Ich war plötzlich in die Rolle des Stieres gedrängt worden und wartete hinter einer dicken roten Holztür darauf, dass sich diese öffnen würde und ich in die tosende Arena stürmten konnte. Doch es war Totenstille, die Tribünen waren, im wahrsten Sinne des Wortes, menschenleer, die warme Luft bewegungslos. Mitten im Zentrum der Kampfesstätte stand meine Brigitte und erwartete mich, nicht, wie man jetzt vermuten würde mit rotem Tuch und gezogener Waffe. Nein, es war total verrückt, sie hielt in ihren beiden Händen je einen normalen Zahnstocher aus Holz. Wenn ich in ihre unmittelbare Nähe kam, drückte sie mir die spitzen Enden der Holzstäbchen in meine Haut. Die hieraus resultierenden Schmerzen waren allerdings menschlicher Natur und rissen mich aus meinem Schlaf. Es wiederholte sich wohl einige Male, und ich war am Morgen wie gerädert. Das war wohl die Strafe für mein nicht so ganz korrektes Verhalten in Sachen Stierkampf.

Wir waren die ersten Gäste, die in dem dunklen Frühstücksraum auf eine Bedienung warteten, die auch über die Fähigkeit verfügen sollte, guten Kaffee zu kochen. Nach wenigen Minuten erschien eine junge, wohl noch nicht ganz ausgeschlafene Mitarbeiterin des Hotels. Normalerweise schaltet man den Hotelgästen zuerst das Licht an und wünscht einen guten Morgen. Nicht so die Dame des Dienstleistungsgewerbes. Hinter einem Tresen fummelte sie solange in einem Schaltkasten herum bis, ja man glaubt es kaum, zwei Fernsehgeräte ihren langen und dauerhaften, dafür meist unbeachteten, Arbeitstag beginnen konnten. Der Nachrichtensprecher sorgte dann für Zufriedenheit, wünschte er doch mit unüberhörbarer lauter Stimme einen guten Morgen.

Auf dem „Camino“ erwartete mich ein harter anstrengender Tag, der einem Parkinson-Patienten, zumal noch immer fußkrank, das letzte abverlangen würde. Zum Warmlaufen ging es einige Kilometer durch eine Weidelandschaft. Nur wenige Bäume spendeten Schatten, zum Glück war es nicht ganz so warm. Obwohl ich keinem weiteren Pilgergenossen begegnete, wurde es nicht langweilig. Man musste höllisch aufpassen, auf dem richtigen Weg zu bleiben und vermeiden, falsche Zäune und dazugehörige Weidetore zu erwischen.

Dann begann ein ziemlich brutaler Anstieg auf den 1.100 m hohen Berg PICO DE LA DUENA. Meine kaputten Füße wurden durch die unebenen und steinigen Wege und Pfade empfindlich in ihrem Heilungsprozess gestört. Mein Parkinson, der natürlich auch heute mein ungewollter Begleiter war, ließ seine Variante der Gleichgewichtsstörungen voll zur Geltung kommen. So verbrauchte ich zusätzliche Energie, die, umgesetzt in Konzentration, dazu beitrug, Stürze zu verhindern.

Oben angelangt traf ich auf einen im Jahre 2004 erbauten Windpark. Wenn man direkt unterhalb der riesigen Windräder marschiert, erkennt man erst die ungeheuere Größe dieser Kraftkolosse. Das ständig wechselnde Wolkenbild sorgte für teilweise bedrohlich wirkende Schattenwürfe der Stromerzeuger. Auch die durch die Rotationen der Räder entstehenden Geräusche können ein ungeübtes Ohr erschrecken. Das in der Nähe befindliche Gipfelkreuz wirkt gegen die gewaltigen Rotoren winzig und unscheinbar.

Hat man dann unter dem Einsatz aller Reserven den

höchsten Punkt erreicht, dann geht es auf der anderen Seite des Pico steil bergab, was für den Körper auch kein Zuckerschlecken ist. Die wunderschöne Natur kann auch ungerecht sein.

Nach weiteren 5,5 km hatte ich mein Tagesziel geschafft. Ich erreichte das Landgut DEHESA DEL MENDIGOS.

Laut Marschtabelle hatte ich nun 481 km hinter mir.

Am Abend des heutigen Tages, Montag, 5. Oktober 2009, sollte ja eine Live-Schaltung zustande kommen. Ich hatte mir in den Kopf gesetzt, in diesem Interview bekannt geben zu können, dass ich die 500-Kilometergrenze überschritten hatte. Also durfte nichts schief gehen, oder?

19 km musste ich noch schaffen. Diese Distanz ist mit einem modernen Düsenjet, zeitlich gesehen, kaum messbar, mit einem Auto dauert es wenige Minuten, aber für einen ohnehin schon angeschlagenen Parkinson-Patienten sind diese 19.000 m immer ein Risiko. Man weiß nie, ob das Ziel erreicht wird und welche Überraschungen „Herr Parkinson" heute bereithält. Meine arg gebeutelten Füße waren zwar auf dem Wege der Besserung, aber da ich ihnen keinen Tag Ruhe gestattete, dauerte der Heilungsprozess deutlich länger als normal.

Da war also heute Abend die Live-Schaltung an die Costa Blanca, direkt in die laufende Veranstaltung des Literaturkreises Denia vorgesehen. Doch meine Kraft und

Konzentration galt zunächst der Bewältigung der Tagesaufgabe. Ein vorsorglicher Blick in das Streckenprofil des vor mir liegenden Jakobsweges gab mir Auskunft darüber, dass es heute wieder einmal ein Auf und Ab geben würde. Das ständige Rauf und Runter ist ja gar nicht mein Ding, wie man weiß.

Ich trottete also los und merkte, dass ich gar nicht so richtig bei der Sache war. Ich hatte nur gelbe Pfeile im Sinn, die mich in die richtige Richtung führen mussten. Ein Verlaufen wollte und konnte ich mir gerade heute nicht erlauben. Ich war zu sehr mit mir selbst beschäftigt, denn ich spürte in allen Körperteilen Schmerzen. Dazu kam wieder einmal der Druck im Brustkorb, Tendenz zum Herz. Ich machte mir das erste Mal auf diesem Pilgerweg ernsthafte Sorgen um meine Gesundheit und dachte darüber nach, ob es Sinn machte, die restlichen 500 km zu gehen. Doch bevor ich darüber ins Grübeln geriet, aktivierte der innere Widerstand das körpereigene „Anti-Aufgabe-Programm". „Weiter, immer weiter ...", schoss es mir durch den Kopf. Meine Selbstmotivation funktionierte also noch. Als wenn es so hätte sein sollen, erreichte ich nach Durchwandern einer unangenehmen steinigen Piste ein Plateau. Vor mir lag SALAMANCA. Noch einige Kilometer und auch dieser Abschnitt der „Via de la Plata" war besiegt.

Zur Feier des Tages, Brigitte und ich hatten etwas mehr als die Hälfte der Gesamtstrecke geschafft, gönnten wir uns heute ein Hotel der gehobenen Mittelklasse. Dazu gehörte der kleine Luxus, einmal wieder deutsches Fernsehen auf dem TV-Schirm zu empfangen und ein Internetanschluss in der Hotelhalle. Was will das moderne Pilgerherz mehr?

Es war inzwischen ca. 18:00 Uhr geworden. Um 20:00 Uhr sollte in Denia, mit der gewohnten dreißigminütigen Verspätung, der Literaturkreis sein Programm beginnen. Ich rechnete damit, dass die verantwortlichen Techniker einen

Probelauf machen würden und war bereit, einen möglichen Testanruf entgegenzunehmen. Die Wartezeit nutzte ich, um mich gedanklich ein wenig vorzubereiten. Da war die Frage nach meiner körperlichen Befindlichkeit zu erwarten. Sollte ich über meine derzeitigen Probleme berichten? Mir kam der Monumentalfilm „El Cid" in den Sinn.

Da hatte man den Helden, gespielt durch Charlton Heston, vor der entscheidenden Schlacht auf sein Pferd gesetzt oder besser festgebunden, obwohl er eine Lanze in der Brust stecken hatte und mehr tot als lebendig auf seinem Schlachtross saß. Also, nur keine Schwäche zeigen, beantwortete ich mir selbst meine Frage.

Inzwischen war es 19:30 Uhr und bisher kein Kontakt zu Denia. Ich dachte an die vielen guten Wünsche, die ich in den bisherigen 24 Pilgertagen von Hunderten von Menschen bekommen hatte und daran, wie mir diese in schwierigen Lagen geholfen hatten meinen Weg weiterzugehen. Also, danke sagen, nicht vergessen.

20:00 Uhr, Testanruf überfällig?

Meine grauen Zellen befassten sich mit den restlichen 500 km. Würde ich bis zum Ende durchhalten? Also, klare Antwort natürlich, keine Frage! Es war schon 20:30 Uhr, als das Telefon klingelte. Ich nahm Haltung an, trank noch einen

Schluck Wasser, räusperte mich kurz und nahm den Hörer von der Gabel. „Rezeption, guten Abend. Möchten Sie morgen früh geweckt werden?", fragte mich eine freundliche Dame. Mein Gott, ist das jetzt wichtig, dachte ich und antwortete mit einem barschen „No". Die Dame möge es mir verzeihen.

20:45 Uhr, Denia schien verschwunden zu sein.

20:50 Uhr, das Telefon meldete sich erneut.

„Einen herzlichen Gruß aus Salamanca", begann das Gespräch. Ich war mir sicher, jetzt bin ich LIVE drauf. Die Reaktion der anderen Seite bestand jedoch daraus, dass ich im Hintergrund die wartenden Gäste murmeln hörte und im Vordergrund leichte Flüche des Technikers vernahm, der wohl bemüht war, die Leitung zu mir zu optimieren. Das übliche Pusten in ein Mikrofon drang überraschend deutlich in mein Ohr. Es schien sich etwas zu tun. Beifall brauste auf, als Natascha mich begrüßte. Ich wiederholte zum x-ten Male meine Grüße aus Salamanca. Es klang wie „Tulpen aus Amsterdam", machte ich mich selbst über mich lustig. Nach einigem Hin und Her stand fest, dass man mich an der Küste nicht hören konnte. Ich jedoch konnte jedes Wort von Natascha gut verstehen, wie sie ihrem Publikum etwas über meine bisherigen Pilgertage erzählte, konnte aber selbst nicht eingreifen. „That´s live", sagte ich zu Brigitte mit einem Hauch der Unzufriedenheit.

Ach ja, sie war ja immer noch da, unsere Flasche Sekt. Eigentlich wäre heute ein guter Anlass gewesen, das Glas zu erheben. Aber die Flasche blieb verschlossen. Wie sagt ein arabisches Sprichwort: „Morgen ist ein neuer Tag!"

Dieser „neue Tag“ begann zunächst wenig spektakulär, sondern mit den üblichen Pilgervorbereitungen für den bevorstehenden Streckenabschnitt. Wir nutzten diese Zeit für eine kleine Nachlese der ins Wasser gefallenen Live-Schaltung vom Vorabend. Wir diskutierten das Pro und Kontra eines solchen technischen Abenteuers. Für Fachleute sicherlich eine Kleinigkeit, aber Nataschas Veranstaltungen sind nun mal keine Produktionen eines großen Fernsehsenders. Es fehlen hierzu die entsprechende Ausrüstung und die finanziellen Mittel. Der Versuch allein war aller Ehren wert. Unser Fazit: So oder so, diesen Abend werden die Gäste des Literaturkreises nicht so schnell vergessen …

Zu diesem Zeitpunkt konnte ich nicht ahnen, welche merkwürdigen, ja rätselhaften Erlebnisse mir der „Camino“ heute bieten würde. Auch wusste ich nicht, dass heute, am 6. Oktober 2009, der Titel dieses Buches in meinem Gedächtnis einen festen Platz belegen würde. Ich hatte mich mit dem Buchtitel im Laufe der letzten Wochen mehrfach gedanklich beschäftigt, war aber zu keinem befriedigendem Ergebnis gekommen. Nachdem der Titel des ersten Buches zu meinem Lebensmotto geworden war und auch viele Menschen zum Nachdenken angeregt hatte, suchte ich nach einem ebenfalls sinnvollen und motivierenden Namen für das neue Werk. Doch alles was mir dazu einfallen wollte, verwarf ich sofort wieder oder schmiss es nach kurzer Überdenkzeit in den Papierkorb. Ich war ja auch nicht unter Zeitdruck und gab meinem noch nicht vorhandenen Manuskript den Arbeitstitel „Zwei Jahre später …". Dies in Anlehnung an meine erste Pilgerreise im Jahre 2007.

An all das dachte ich überhaupt nicht, als ich den Pilgertag begann und nach dem Weg aus der Stadt suchte. Nach Befragen einiger Stadtbewohner war der Weg klar, es ging Richtung ZAMORA. Es war trüb und kalt an diesem Morgen, und ich fühlte mich gar nicht wohl. Alles tat mir wieder weh, und jeder Schritt schmerzte heftig. Mein Gleichgewichtssinn war auch nicht richtig in seiner Funktion. Ich schwankte manchmal wie ein Betrunkener. Als ich am ersten der noch folgenden großen Kreisverkehre ankam, prüfte ich die Verkehrslage und marschierte nicht etwa am äußeren Rand des Kreises entlang, sondern schnitt das Monstrum und verkürzte den Weg um einige Meter. Stolz auf meine morgendliche Klugheit wiederholte ich diese Idee an den nächsten Kreiseln und erreichte in der Addition eine nicht zu unterschätzende Einsparung. „JEDER SCHRITT ZÄHLT", dachte ich laut. „Jeder Schritt zählt?? Jeder Schritt zählt??" Ich wiederholte mehrfach diese drei Wörter und wusste danach: Das wird er sein der Titel für das neue Buch!

Ich vergaß schlagartig meine Wehwehchen. Das Grau in Grau des Wetters war mir plötzlich einerlei. Ich war in diesem Moment nur glücklich und zufrieden. Voll neuer Energie erhöhte ich mein Marschtempo und verließ zügig die Stadt. Doch dieser Turbo hielt nicht lange an. Nach geschätzten 5–6 km war der Akku wieder leer, und der Kampf gegen mich selbst begann erneut.

Mitten im Anstieg auf eine Anhöhe blieb mir die Luft weg und ich musste anhalten. Schwer atmend stützte ich mich auf meinen treuen Wegbegleiter, den Wanderstock, und fluchte leise vor mich hin. Ich war saft- und kraftlos und wollte nicht mehr weiterlaufen. Mir war in diesem Augenblick alles egal. Nur nicht mehr weiter den Berg hinauf, nur keine weitere Schinderei, nicht mehr quälen. Aufhören?

Mein Handy klingelte. Unglaublich, exakt in dieser Situation meldete sich die gute Fee – Gisela. Sie merkte sofort wieder, dass etwas nicht in Ordnung war und hakte nach. Doch als ich ihre Stimme hörte, kam die Kraft zurück in meinen Körper und ich wusste, dass ich nicht die Brocken hinschmeißen würde. Ich verschwieg ihr, in welchem desolaten Zustand ich mich momentan befand und beendete das Telefonat schnell, um weiteren unangenehmen Fragen auszuweichen.

Ich setzte meine Wanderung fort, weiter den Hügel hinauf. Und dabei passierte die nächste Merkwürdigkeit. Der kraftzehrende heftige Gegenwind drehte sich um 180 Grad und schob mich förmlich den Hang hinauf. Doch damit nicht genug. Kurze Zeit später kam ich an eine Weggabelung. Von dieser zweigten drei Pisten ab. Ich konnte keinen gelben Pfeil oder andere Hinweise auf die Streckenführung finden. Ich war nicht nur ratlos, sondern hatte auch keine Hilfe in Aussicht. Ich war alleine mit meinem Problem. Was tun? Ich drehte mich um und sah eine alte Frau auf mich zukommen. Sie war plötzlich da. Woher kam sie? Sie trug einen bunten abgetragenen Bademantel und Gummischuhe. Ihr schwarzes Haar wirkte ungepflegt. Aber ihr faltenreiches, gebräun-

tes Gesicht strahlte Vertrauen und Güte aus. Ohne mich zu fragen zeigte sie mit ihren Händen, die auf ein arbeitsreiches Leben schließen ließen, auf eine der drei Wegstrecken. Bevor ich etwas sagen konnte, wünschte sie mir ein „buen camino“ und setzte mit schlurfendem Schritt ihren Weg fort. Was war da passiert in den letzten Minuten? Zufall? Oder hat jemand „von da oben“ seine schützenden Hände im Spiel? Ich weiß es nicht und werde es auch nie erfahren. Aber vergessen werde ich diese Begebenheit nie.

Die folgende Nacht verlief für mich in totaler Unruhe. Ich würde wohl noch einige Zeit brauchen, um das alles zu verarbeiten.

Und so folgte zwangsläufig ein neuer Tag für das Zeitgeschehen und somit auch für einen immer noch grübelnden Pilger. Es war der 26. Tag auf der Piste, ohne Ruhetag aber mit vielen Entbehrungen. Dafür hatten wir beschlossen noch eine Nacht länger in unserem derzeitigen Hotel zu bleiben. Also stand zunächst an, den Pilger an die Stelle zu bringen, an der er am Vortag aufgehört hatte. Wir waren mittlerweile schon viele Tage im Oktober und der „Camino“ führte mich täglich weiter nach Norden. Das Wetter sollte heute nicht mein Freund werden, der allmorgendliche Blick in den Himmel ließ nichts Gutes ahnen. Die Wolken hatten ihr düsterstes Kleid angezogen und hingen bedrohlich tief in der Luft. Es war merklich kühl geworden, doch gegen den Widerstand meiner Brigitte hatte ich, wie bisher an allen Tagen, auch heute die knielangen Hosen angezogen und bin nicht auf wärmere Beinbekleidung umgestiegen. Aberglaube?

Von der Strecke gibt es nicht viel zu berichten. Selbst wenn ich es wollte, könnte ich nichts zu Papier bringen, denn ich war mit meinen Gedanken noch beim Vortag. Im Wesentlichen folgte der Weg der Nationalstraße 630. Es waren einige Pilgerkollegen in Richtung Zamora unterwegs, die mich alle kraftvoll überholten. Waren die so schnell oder war ich so langsam? Plötzlich stoppte das Pilgertrio ohne ersichtlichen Grund und entledigte sich seiner Rucksäcke. Ich hatte Sichtkontakt, war also nach kurzer Zeit an der Gruppe vorbei. Es tröpfelte vom schwarzen Wolkenhimmel, aber ich war zu bequem um meine Regenkleidung in Alarmbereitschaft zu versetzen, ein schlimmer Fehler wie sich bald zeigen würde. Nach wenigen hundert Metern galt es die Schnellstraße über eine Brücke zu verlassen und auf einen landwirtschaftlichen Weg zu wechseln. Von der Brücke konnte ich sehen, dass das Trio inzwischen in kompletter Regenkleidung verpackt weiterzog und keine Anstalten machte, die N 630 zu verlassen.

Ich zog naiv weiter, ich hatte nichts, aber auch gar nichts begriffen. Doch dies sollte sich nun schlagartig ändern. Völlig unerwartet und in seiner Lautstärke kaum zu überbieten, gab es einen schrecklichen Donnerknall. Ich blieb wie angewurzelt stehen, unfähig mich zu bewegen. Mit dem Donnerschlag öffnete der Himmel seine Schleusen und binnen einer Minute stand alles unter Wasser. Ich bin zwar durch die „gota fria“, das heißt „kalter Tropfen“, einiges gewohnt, aber was hier abging war eine neue Regendimension für mich.

Der Versuch, die Regenkleidung aus dem Rucksack zu holen, ertrank im Wasser von oben. Der stark auffrischende Wind verhinderte den dringenden Wunsch, den Schutz auch über den Körper zu ziehen. Ich war schon völlig durchnässt, als ich endlich fertig war. Jetzt wurde mir bewusst, wie blöd ich gewesen war, dass ich die Signale, die vom Verhalten der anderen Pilger ausgingen, nicht erkannt hatte. Der vor wenigen Minuten noch gut begehbare Weg, hatte sich in eine schlammige Masse verwandelt die das Fortkommen erheblich erschwerte. Als wäre diese eindrucksvolle Demonstration der Naturgewalten nicht genug, begann ein Gewitter der Güteklasse 1a sein Unwesen zu treiben. Es blitzte und donnerte unaufhörlich, dabei verstärkte sich der Regenfall noch einmal. Ich wurde unruhig. Als ich mich hilflos umschaute, erkannte ich die zahlreichen Metallstrommasten – ein gefundenes Fressen für jeden Blitz. Die Weiden rechts und links des Weges waren durch Stacheldraht begrenzt. Was hatte ich in der Schule gelernt? Richtig, Sie wissen schon!

Es war, als stände ich mitten in einem gigantischen Feuerwerk. Was konnte ich tun um mich zu schützen? Wo sollte ich hin? Ich geriet in eine Art Panik und lief einfach los, ohne Ziel. Ich wollte nur weg von hier, raus aus der Gefahrenzone. Mittlerweile sank ich bei jedem Schritt in den sich zu einem kleinen Fluss verwandelnden ehemaligen Weg, tiefer in den Morast. Meine Füße klebten förmlich an dieser Schlammwüste fest. Es erforderte erheblichen Kraftaufwand, den einen Fuß vor den anderen zu setzen. Meine ganze Aufmerksamkeit galt jetzt der Beibehaltung des Gleichgewichtes, denn ein Sturz konnte fatale Folgen haben. Die erforderliche Konzentration lenkte mich Gott sei Dank von den anderen Gefahren dieses Unwetters ab. Ich bewegte mich neben einem dammähnlichen Gebilde langsam vorwärts. Der Regen, weiter angepeitscht durch den starken Wind, kannte kein Erbarmen. Doch ich war ja bereits bis auf die Haut nass. Ein Trost, dachte ich: „Nasser geht's einfach nicht."

Es muss mein Schutzengel gewesen sein, der mir Hilfe anbot. Ich sah in dem Damm einen engen und nicht sehr hohen Tunnel, in den ich flüchten konnte. Darin stehen war nicht möglich, und so musste ich mich in das Wasser, welches bereits in dieser Röhre stand, hineinknien. Ich verharrte für einige Momente in dieser unnatürlichen Haltung und bekam einen Krampf im linken Oberschenkel. Die Schmerzen zwangen mich, die schützende Röhre schnell zu verlassen. Das Gewitter war ein Stück weitergezogen und hatte an Stärke verloren. Trotzdem kroch ich in die Röhre zurück, diesmal mit dem Kopf zuerst. Ich wollte wissen was am Ende des ca. 10 m vor mir liegenden Betonringes war. Nun muss man wissen, dass ein Parkinson-Patient mit engen Durchlässen erhebliche Probleme bekommen kann.

So ist es durchaus möglich, dass die Krankheit ihn daran hindert, durch eine geöffnete Tür zu gehen. Der Erkrankte bleibt einfach bewegungslos stehen, unfähig sich in diesem Moment zu bewegen. Dies konnte mir in meiner misslichen Lage auch passieren. Doch wenn man zwischen zwei Übeln zu wählen hat …! Ich kroch vorsichtig los, wobei mein Rucksack mich stark behinderte. Irgendwie erreichte ich mein Ziel und war froh aufstehen zu können. Jetzt erkannte ich, dass ich die Nationalstraße unterquert hatte, immerhin ein Orientierungspunkt.

Das Unwetter hatte es sich wieder anders überlegt und kehrte an den Ort seiner Geburt zurück. Es knallte und blitzte wieder heftig. Nach kurzer Überlegung siegte meine Vernunft über den Ergeiz und ich beschloss abzubrechen. Brigitte, die sich große Sorge um mich gemacht hatte, versuchte mich telefonisch zu erreichen. Ohne Erfolg, die Handynetze funktionierten nicht. Sie wusste aber in etwa, wo ich sein könnte und hatte unser Auto zentral positioniert. Ich hatte mit meinem Anruf auf ihr Handy mehr Glück, und so war sie innerhalb weniger Minuten bei mir um den gestrandeten Pilger aufzunehmen.

Obwohl das Wetter am Nachmittag nicht viel besser war als am Morgen, machte ich mich auf die Socken und holte die fehlenden Kilometer nach.

Über Nacht wurde das Wetter erheblich besser. Der Groll des Gewitters war verflogen und es hatte aufgehört zu regnen.

Als es hell wurde und der Tag des Pilgers begann, wurden erst die Ausmaße der vergangenen Stunden sichtbar. Von den Strukturen der Pisten und Pfade war nicht mehr viel zu erkennen. Der bisher trockene, durch die Sonneneinstrahlung ausgedörrte Boden hatte sich in Schlamm und Matsch verwandelt. Zahlreiche Wasserlöcher und Pfützen überzogen den „Camino". Für den marschierenden Pilger sind dies unangenehme widrige Umstände, die negative Auswirkungen auf das Vorwärtskommen haben. So muss man die Löcher umlaufen, um Verletzungen der Fußgelenke zu vermeiden. Die an den Wanderschuhen festklebende Dreckmasse bedeutet zusätzliches Gewicht, das bewegt werden muss. Das Tagesmotto lautete also: „Augen zu und durch!"

Doch in der Praxis war nix mit Augen zu, im Gegenteil, man musste sehr wachsam sein. Zum einen hatte man auf die sehr schlechten Wegverhältnisse zu achten, zum anderen gab es sehr viele Richtungsänderungen, die es zu erfassen galt, um nicht unnötige Kilometer zu laufen. Merke: „Jeder Schritt zählt!"

So konzentrierte ich mich im Wesentlichen darauf, auf den Füßen zu bleiben und nicht zu stürzen. Nach ca. 12 km baute ich körperlich ziemlich ab und gestand mir ein, dass ich dringend eine Pause benötigte. Ganz gegen meine Gewohnheiten suchte ich mir in einer kleinen Ortschaft eine Bar, legte dort meinen Rucksack ab und setzte mich an einen der unbesetzten Tische. Ich bestellte einen „café con leche" und ein „bocadillo con queso", also einen Milchkaffee und ein Käsebrötchen. Es dauerte auch nur wenige Minuten, bis serviert wurde.

Nicht bestellt hatte ich einen spanischen Herrn, der sich ohne zu fragen und unaufgefordert zu mir an den Tisch setzte. Für die Umgebung ungewöhnlich trug er einen grauen, abgenutzten Anzug. Dazu ein ungebügeltes Hemd, das farblich überhaupt nicht passte. Die Krönung des Outfits war eine mit vielen Flecken behaftete giftgrüne Krawatte. Okay, ich war auch nicht gekleidet wie auf dem Catwalk, aber ich bin ja auch ein Pilger.

Der Mann fühlte sich offensichtlich wohl in seiner bunten Kleidersammlung und begrüßte mich, sehr zu meiner Überraschung, in einem gebrochenen, aber gut verständlichen Deutsch. Mein ursprüngliches Misstrauen verflog, während er mir erzählte, dass er einige Jahre in Deutschland, in Duisburg, in einem Stahlwerk gearbeitet habe. Zurzeit besuche er gerade seine Familie, die hier wohne. Er selbst lebe inzwischen in Granada, ergänzte er seine private Story.

Ich hatte nicht gerade mit großem Interesse zugehört und entgegnete aus Höflichkeit, dass ich mich auf einer Pilgerreise befände. Ich hatte den Eindruck, dass er etwas ganz Bestimmtes wollte und wurde deshalb hellwach, als er mich fragte, ob ich mit dem Flugzeug nach Sevilla gekommen wäre. Wahrheitsgetreu antwortete ich mit „Nein“. Der Spanier bohrte aber weiter und fragte, ob ich denn schon einmal mit dem Flieger gereist wäre? Die Antwort war ein klares „Ja“. Ich wusste immer noch nicht, was er mit dieser Befragung bezweckte. Das Gespräch geriet ins Stocken und so fragte ich ihn, ob er mit dem Flugzeug von Granada gekommen war. Das war wohl die Frage, auf die er die ganze Zeit gewartet hatte. Er setzte sich gerade auf seinen Stuhl und zog seinen Binder zurecht. Dann legte er los und berichtete, dass er niemals in ein Flugzeug einsteigen würde. Wie ein Missionar der einen Ungläubigen bekehren wollte, zählte er mir alle erdenklichen Gründe auf, die es gab, um nicht in so ein Flugmonster einzusteigen. Ich zeigte zwar Verständnis für seine Argumente, war jedoch ansonsten von seiner Meinung nicht sonderlich beeindruckt. Das ärgerte ihn, denn es folgte eine weit hergeholte abenteuerliche Theorie über den Grund von Flugzeugabstürzen, die ich meinen Lesern nicht vorenthalten möchte.

Demzufolge ist jeder Crash auf einen technischen Mangel zurückzuführen. Menschliches Versagen wäre generell auszuschließen. Die angesprochenen technischen Mängel wären aber bewusst herbeigeführt, also manipuliert, um Flieger ab einem gewissen Alter gezielt zum Absturz zu bringen. Von der zu erwartenden Versicherungszahlung kaufen die Fluggesellschaften neue Maschinen und sparen dadurch eine Menge Geld. Diese gängige Praxis wäre in Afrika stark verbreitet, ergänzte er sein „Insiderwissen".

Ich war platt und hatte zunächst keine Worte der Erwiderung. Nachdem ich mich gefangen hatte, entwickelte sich eine, wie sich herausstellte, sinnlose Diskussion über seine Argumente. Mein Gesprächspartner beharrte eisern auf seinem Standpunkt. Mit dem Hinweis, dass ich meinen Weg fortsetzen müsse, bezahlte ich die Rechnung, verabschiedete mich freundlich und ging auf die Piste zurück. Obwohl ich dies für Unsinn halte, werde ich jedes Mal an diese Begegnung erinnert, wenn ich in ein Flugzeug steige.

Wieder auf der Straße atmete ich erst einmal kräftig durch. Das war schon heftig, was ich da von diesem spanischen Señor hören musste. Ich zurrte meinen Rucksack fest und drehte mich einmal um die eigene Achse, um einen Orientierungspunkt zu finden. Da meine Unwissenheit wohl offenkundig war, sprachen mich drei Leute an, um mir zu helfen. Nachdem ich nach der Richtung gefragt hatte, begann die Gruppe der Hilfsbereiten wie auf Knopfdruck laut zu diskutieren, jeder hatte eine eigene Antwort auf den Lippen. „Oh je, nicht schon wieder", murmelte ich in mich hinein und erinnerte mich an vergangene Erlebnisse der gleichen Art. Ich erklärte, dass alles in Ordnung sei und ich mich des Weges kundig fühlte. Dann ließ ich die Herrschaften stehen, sicherlich nicht gerade höflich, und entfernte mich mit raumgreifenden Schritten, dass selbst mein Parkinson staunte.

Doch schon nach wenigen Kilometern überkam mich erneut eine körperliche Müdigkeit. Ich tat mich schwer, einigermaßen normal vorwärts zu kommen. Ich blieb stehen und schaute mich um, ob ich alleine war. Über eine Wasserpfütze gebeugt blickte ich mir ins Gesicht und hielt mir selbst eine „Gardinenpredigt", die sich gewaschen hatte. Ich beschimpfte mich lautstark und forderte meinen Körper auf, sich zusammen zu reißen und weiterzugehen. Ein Außenstehender musste denken, hier ist ein Geisteskranker zugange. Gott sei Dank, ich war ja allein, oder?

Ich stellte mich wieder aufrecht, soweit es mein parkinsongeschädigter Rücken zuließ und … ich sah ihn wieder, meinen persönlichen „Schutzengel", der mir vor einigen Tagen in dem kleinen Ort begegnete, als er auf einem Begrenzungsstein saß. Jetzt stand der Mann wenige Meter von mir entfernt. Er lehnte mit der rechten Schulter an

einer Mauer und lächelte mich wieder an, ohne ein Wort zu sagen. Sofort erinnerte ich mich an die Begegnung mit ihm, die ich im April 2007 in der Nähe der Ortschaft CASTROJERITZ hatte, als ich meinen ersten Jakobsweg ging. Damals trug er einen Schlapphut aus Jeansstoff, eine dünne Jacke und verwaschene Jeans. Heute war er mit einem roten Blouson und schwarzer Jeans bekleidet. Ich bekam eine Gänsehaut und ein kalter Schauer lief mir über den Rücken. Als ich wieder zur Mauer sah, war er nicht mehr da.

Ich zweifelte an meinem Wahrnehmungsvermögen, aber ich hatte ihn gesehen und erkannt. Vor lauter Zweifel und Selbstkritik registrierten meine Augen nur schleierhaft die vor mir liegende Kathedrale von Zamora. Nach ca. 1,5 km hatte ich ein weiteres Ziel meiner Pilgertour erreicht. Stolze 581 km waren nun bereits „mein".

Der Leser weiß, dass dieses Buch kein Reiseführer ist, und der Autor bewusst darauf verzichtet, über Sehenswürdigkeiten und deren Geschichte zu berichten. Der folgende Hinweis gilt keinesfalls einem Bauwerk oder einem wichtigen Denkmal, sondern will auf eine „Attraktion" der besonderen Art aufmerksam machen.

In einem Reiseführer las ich die Information, es wäre lohnenswert, eines der Touristikbüros der Stadt zu besuchen. Man müsse die Freundlichkeit und die Kompetenz der dort arbeitenden Damen kennenlernen. Diese Fußnote machte uns neugierig, sodass wir ein solches „oficina de turismo" besuchen wollten. Die Damen waren nicht nur freundlich, sondern auch ausgesprochen hübsch, und so kam so mancher Besucher, überwiegend die männliche Gattung, in Konflikte. Sollte man sich nun mehr für die Damen interessieren oder für das angebotene Informationsmaterial? Mir blieb diese Gradwanderung erspart, denn die von uns gewünschten Broschüren waren gerade „vergriffen"...

Der neue Tag war für mich etwas Besonderes. Ich war heute genau 4 Wochen, also 28 Tage unterwegs seit meinem Start im andalusischen Sevilla. 28 Tage war exakt die Zeit, die ich im Jahr 2007 für die gesamte, knapp 800 km lange Strecke von der französisch-spanischen Grenze nach Santiago de Compostela gebraucht hatte. Heute Abend würde ich in etwa 600 km bezwungen haben, wenn alles glatt ging. Man muss kein großer Rechenkünstler sein um festzustellen, dass ich auf meiner derzeitigen Route erheblich langsamer vorwärts kam als vor zweieinhalb Jahren. Ich musste also noch ca. 400 km pilgern, um mein Ziel zu erreichen. In Anbetracht meines schon ziemlich desolaten Zustandes eine kaum überwindbare Entfernung. „Wo ein Wille ist, ist auch ein Weg", sagt ein deutsches Sprichwort. Der Weg war schon da, aber was war mit meinem Willen?

Auch in der Nacht beschäftigte mich diese beunruhigende Frage. Ich dachte an meine Gardinenpredigt und suchte nach neuen Motivationsgrundlagen. „Es kann doch nicht sein, dass meine eigenen Worte keine Bedeutung mehr haben und in meinem Kopf kein Gehör mehr finden", redete ich mir ein. „Verdammt noch mal, du gehst jetzt diesen Weg zu Ende", argumentierte ich weiter und trat mir verbal in den Hintern. Über meine Selbstzweifel muss ich dann wohl eingeschlafen sein. Aber auch im Schlaf konnte ich keine Ruhe finden. Ich träumte von Studentenunruhen auf den Straßen der Stadt.

„Wie kommt man nur an so einen Traum?", war mein spontaner Gedanke, als ich nach einem Hin- und Hergewälze erwachte und mich aufrecht im Bett sitzend fand. Unser kleines bescheidenes Zimmer lag im Halbdunkel und trotz zugezogener Gardine leuchteten vom Platz, der vor unserem Hostal lag, diverse Laternen und setzten die um diese Zeit normalerweise vorhandene Dunkelheit außer Kraft. Der Lärm, der mich in meinem Traum störte, wurde von draußen produziert. Meine noch verschlafenen Ohren mussten sich erst wieder an den Geräuschpegel gewöhnen. Es war ein Gemisch von Stimmen, Musik, Gläserklappern, also alles was zum Feiern gehört. Neugierig erhob ich mich von meinem Nachtlager und zog den Vorhang einen kleinen Spalt zurück.

Die Plaza war hell erleuchtet. Dort tummelten sich, trotz der frühen Morgenstunden, noch einige hundert Leute. Es waren wohl Studenten, wie in meinem Traum. Aber das hier waren keine Unruhen, sondern junge Leute, die einfach wild drauflos feierten, ohne Rücksicht auf die ruhesuchende Bevölkerung oder auf erschöpfte Pilger. Sofort dachte ich an die Teenies in Amerika, die einmal im Jahr völlig ausflippten, wenn sie ihr „springbreak" feierten, eine Art Schulabschlussparty, falls ich mich recht erinnere. Die Nachtruhe konnte man also an den Nagel hängen. Meine Brigitte schien dies alles nicht zu stören, sie schlummerte selig in den Morgen hinein. Ich versuchte es ihr gleich zu tun, leider ohne Erfolg. Die Zeit verging nur langsam und ich war froh, als der Morgen graute. Käme das Wort „Morgengrauen" nicht von der Farbe her, sondern würde in einem Bezug zu „Grauen" stehen, dann ergäbe das heute einen besseren Sinn.

Der Versuch, aus dem Bett zu hüpfen scheiterte kläglich, denn mein Freund Parkinson wollte wohl am heutigen Morgen nicht aus den Federn, sondern ausschlafen. Mein Körper war ziemlich steif und unbeweglich. Bei den zahlreichen Versuchen, auf die Beine zu kommen, wurde mir ständig schwindelig. Mein Kreislauf spielte verrückt, was das Aufstehen nicht gerade erleichterte. Ich legte mich noch einmal zurück in die Kissen und betrieb Ursachenforschung. War es körperliche Überanstrengung oder gar Erschöpfung? Hörte ich nicht auf die Warnsignale der Natur? Brauchte ich nicht doch einen Ruhetag? Alle meine kritischen Fragen beantwortete ich mit einem trotzigen „Nein". Ich glaubte nämlich den Grund für mein Unwohlsein gefunden zu haben. Ich hatte am Vortag wieder einmal vergessen, meine Tabletten einzunehmen. Also redete ich mir ein, dass nun alles wieder in Ordnung sei. Nach mehreren weiteren Versuchen schaffte ich es, von der waagerechten in die senkrechte Position zu gelangen und mich zu waschen und anzuziehen. Mein Kreislauf kannte hierbei kein Erbarmen und schubste mich hin und her. Frische Luft und die positive Erwartung an den heutigen Pilgertag würden mir schon helfen, die Zipperlein abzulegen.

So zog sich der Tag wie „nasses Holz" dahin. Jeder Kilometer schien länger zu sein als 1.000 Meter. Ich hatte das Gefühl, mit angezogener Handbremse zu gehen. Anstatt ein freundliches Gesicht zu zeigen, schaute das Wetter düster drein. Sozusagen als Beleg für seine schlechte Laune kam dichter Nebel auf, der sogar den Atemwegen Probleme bereitete. Es war ein „grauenvoller" Tag, der damit endete, dass wir am Rande der aktuellen Wegstrecke keine Unterkunft fanden. Es war wieder mal Wochenende, alles belegt. In unserer Not telefonierten wir mit unserem „Herbergsvater“ der vergangenen Nacht und reservierten das Zimmer für einen weiteren Tag. So ganz nebenbei erhöhte er den Übernachtungspreis um satte 30 Prozent, ohne uns am Telefon darauf hinzuweisen. „Friss oder stirb“ – ir hatten keine Wahl.

Die folgende Nacht war noch lauter als die vorherige. Es hatte den Anschein, dass nach gestriger Generalprobe in dieser Nacht die Premiere zelebriert wurde. Die Anzahl der Gäste hatte erheblich zugenommen, der Getränkekonsum ebenfalls. Dementsprechend stieg auch der Lärmpegel an, ja er näherte sich, zumindest zeitweise, dem Unzumutbaren. Aber welche Alternative hatten wir? Keine!

Die Wege, die ich heute zu gehen hatte, waren noch immer vom Regen der letzten Tage gezeichnet. Überall Wasser, Matsch und Schlamm. Ich tappte vor mich hin, als mein Telefon seine Signale ausspuckte. Es war Samstagmorgen, eigentlich noch viel zu früh für einen Anruf. Ich warf einen kritisch prüfenden Blick auf das Telefondisplay. Die angezeigte Rufnummer war mir unbekannt. Mehr aus Neugierde drückte ich auf den grünen Knopf und gab somit die Verbindung frei. „Hallo“, sagte ich missmutig, denn ich war gerade in ein knöcheltiefes Wasserloch getreten.

„Hier spricht Dr. G.“, hörte ich eine männliche Stimme

sagen, die mir nicht bekannt erschien. „Sie wissen ja, es geht um die Nadeln. Haben Sie nächste Woche Zeit, es kommt ein Fernsehteam in meine Praxis, um eine Behandlung zu filmen. Ich Sie gerne dabei. Sie sind für mich sehr wichtig, wegen ihrer Leistungsfähigkeit, trotz Parkinson-Erkrankung.“ Ich war verblüfft und blieb vorsichtshalber vor einer größeren Wasserfläche stehen, um zu verhindern mitsamt dem Telefon abzusaufen. Hatte ich richtig verstanden, Dr. G.? Ich fragte noch einmal nach und bekam die gewünschte Bestätigung. Langsam taute mein Gedächtnis auf und ich erinnerte mich schwach. Eine bekannte deutsche Journalistin hatte einen Bericht über die Behandlungsmethoden für Parkinson-Patienten des Herrn Dr. G. veröffentlicht, in dem Heilung durch Ohr-Akupunktur versprochen wurde. Dr. G. war nicht ganz unumstritten. So kämpften Befürworter und Gegner in den Medien um Recht oder Unrecht. Über eine Querverbindung war dem Mediziner eine Information über mich und meine Taten zugespielt worden. Die Vermutung liegt also nahe, dass meine Person benötigt wurde, um Punkte für die Befürworterseite zu sammeln. Dr. G. meldete sich wieder und fragte nach, ob ich noch in der Leitung wäre. Ich antwortete mit dem Hinweis, dass ich zurzeit auf dem Jakobsweg sei und diesen auf keinen Fall unterbrechen oder gar abbrechen würde. Er erinnerte mich an die Anwesenheit des Fernsehteams, aber ich blieb bei meiner Meinung. Nun zog er eine weitere Trumpfkarte aus dem Ärmel und bot mir an, die doch recht kostenintensive Prozedur zu einem Sonderpreis durchzuführen. Der Autor schweigt aus verständlichen Gründen über Details des Angebotes. Doch ich blieb hart, das Ziel auf der „Via de la Plata“ war mir in diesem Moment wichtiger als alles Geld der Welt. Ich bat meinen Gesprächspartner um Verständnis. Unabhängig vom Jakobsweg war mir zu diesem Zeitpunkt überhaupt nicht klar, welche Chancen und Risiken in einer solchen Behandlung liegen können.

Ich hatte tatsächlich bei anderen Gelegenheiten noch Kontakt zu Dr. G., habe aber sein Angebot nicht angenommen.

Das geduldige Warten vor der Wasseransammlung brachte nun doch nicht den gewünschten Erfolg, denn noch in Gedanken verlor ich das Gleichgewicht und stand dann mit beiden Füßen in der braunen Brühe. Doch was sind zwei durchnässte Haxen gegen das, was mich in Kürze peinigen sollte.

Nach wenigen Kilometern musste der Fluss ESLA überquert werden. Wer nun vermutet, dass nach nassen Füßen größere Teile meines Körpers „überschwemmt" würden, der irrt. Das Unheil kam aus einer anderen Richtung. Über diese Wasserstraße führte eine Brücke, die für Fußgänger lediglich einen sehr schmalen Pfad am Rand zur Verfügung hatte. Zur Seite hin war die Konstruktion der Brücke offen und nur durch ein einfaches Geländer gesichert. Zur Erklärung der folgenden Situation sei gesagt, dass Parkinson-Patienten, der eine mehr, der andere weniger, Probleme haben können, durch eine geöffnete Tür zu gehen oder durch, aus seiner Sicht, enge Passagen zu schreiten. Die Krankheit bringt es mit sich, dass der Bewegungsablauf so gestört ist, dass es zu einer Blockade kommt. Ich kannte dieses Problem bisher nur aus Büchern und aus einigen Gesprächen mit anderen Betroffenen. Selbst hatte ich keine Erfahrungen damit. Doch dies sollte sich jetzt ändern und zwar von einer Sekunde zur anderen.

Die Brückenrampe hinauf lief ich noch ohne Komplikationen, so durchzuckte ein Ruck meinen Körper, als ich die Verengung des Fußgängerweges erreichte. Ich blieb einfach stehen, obwohl mein Kopf den Befehl erteilt hatte, weiterzulaufen. Es ging nichts mehr, meine Füße waren wie am Boden festgeklebt. Der kleine Weg war für mich zum großen Hindernis geworden. Obwohl kaum Verkehr war, hatte ich das Gefühl, dass die Menschen ihren Blick auf mich gerichtet hatten und mich anstarrten wie ein Weltwunder. Mir wurde wechselweise heiß und kalt. Was sollte ich tun? Ich versuchte mich zu konzentrieren und all meine Sinneskraft auf das Eine zu setzen, den Schritt nach vorne, Richtung anderes Flussufer. Ich versuchte die Länge des Fußgängerwegs zu schätzen, es mögen ca. 180 m gewesen sein. Ich nahm mir fest vor, diese Distanz mit 150 Schritten zu schaffen, mein Geist gab das Startkommando „GO“. So als müsste ich die letzten Klebstoffreste von meinen Schuhsohlen entfernen, schüttelte ich den rechten Fuß, bis ich ihn langsam anheben konnte. Ich machte bewusst einen großen Schritt und begann mich wieder zu bewegen. Außerdem zählte ich die folgenden Schritte in Gedanken mit. Mein Wanderstock war mir hierbei eine wirkliche Stütze.

Wie eine Dampflok, die unter Ächzen und Stöhnen langsam Fahrt aufnimmt und ihre Geschwindigkeit erreicht, so begann mein Körper wieder zu funktionieren. Nach kurzer Zeit erreichte ich das Ufer des RIO ESLA und verließ die Brücke, die ab jetzt in meinem weiteren Leben eine besondere Bedeutung bekommen sollte. Mein Freund Parkinson hatte verloren und ich hatte ihn zumindest heute ausgetrickst. Es war wieder einmal mein fester Wille und der Glaube an mich selbst, der mich das scheinbar Unmögliche schaffen ließ. Nach der berühmten Brücke am Kwai gab es ab heute die für mich die Brücke am Esla. Ich hoffte, dass ich dieses einschneidende Erlebnis bald verdrängen konnte. Doch einige Tage später sollte es mich nochmals knüppelhart erwischen.

Mittlerweile hatte sich

mein Körper wieder gänzlich entspannt und ich marschierte weiter in Richtung Norden. An diesem Nachmittag hatte ich noch eine wichtige Entscheidung zu treffen. In Kürze bot die Streckenführung dem Pilger zwei Routen zur Auswahl. Die eine führte zunächst weiterhin der Nationalstraße 630 folgend über ASTORGA nach SANTIAGO DE COMPOSTELA. Die andere Route zweigte an der Straße ZA 123 in Richtung TABARA ab und ging über die Stadt OURENSE zum Endpunkt der Pilgerreise.

Ich brauchte nicht lange zu überlegen und wählte die zweite Alternative. Dies lag darin begründet, dass ich den Weg von Astorga nach Santiago bereits bei meinem ersten Pilgern gegangen war und ich die Gelegenheit nutzen wollte, Neues zu entdecken.

Das Wetter war wieder schlechter geworden und es begann erneut zu regnen. Wenige Minuten später erreichte ich eine große Straßengabelung. Von der N 630 zweigte eine andere Nationalstraße mit der Nr. 631 ab, die gelben Pfeile zeigten aber geradeaus. Unschlüssig, welchen Weg ich nun nehmen musste, suchte ich nach Entscheidungshilfen. Die nahten dann auch in Form von zwei Pilgern aus Österreich, die zielstrebig auf die N 631 einbogen. Sie registrierten meine Ahnungslosigkeit und stoppten, um mir ihre Hilfe anzubieten. Die beiden begründeten ihre Entscheidung mit dem momentanen schlechten Zustand der Pisten, bedingt durch die Regenfälle der letzten Tage, und nahmen lieber in Kauf, einige Kilometer an einer Autostraße entlang zu gehen. Ich schloss mich dieser Meinung an und machte mich auf den Weg nach Tabara. Genau 5 km vor diesem Ort hatte ich für heute die „Nase voll“ und beendete meinen Arbeitstag.

Wir übernachteten in einem kleinen Hostal mit Restaurationsbetrieb. Am frühen Morgen, es war noch dunkel, machte ich mich auf den Weg, um die nicht gelaufenen Kilometer nachzuholen. Ich legte Brigitte einen Zettel auf den Nachttisch: „Bin in ca. dreieinhalb Stunden wieder hier“. Ich begab mich auf direktem Wege auf die Nationalstraße und wanderte genau 5 km zurück zu der Stelle, wo ich gestern aufgehört hatte. Nach einer kurzen Verschnaufpause machte ich kehrt und ging die 5.000 m wieder Retour. Total verrückt, wird jetzt manch einer denken, aber ich hatte auch meinen Stolz.

Als Belohnung gab es ein ausgiebiges Frühstück und zum Abendbrot kochte uns die Chefin des Hostals eine Riesenportion Nudeln, die sich Brigitte so sehr gewünscht hatte. Zwischen den Mahlzeiten pilgerte ich noch einmal 11 km denn: „Jeder Schritt zählt …“

Der folgende Tag brachte keine besonderen Erkenntnisse. Lediglich Mücken und Wespen sowie Grashüpfer in allen Variationen, störten meinen Gang. Weil ich einmal nicht aufgepasst hatte, musste ich einen Umweg von zusätzlich 4 km laufen.

In der nächsten Nacht schlief ich wie ein Murmeltier, ein Hinweis darauf, dass mein stark belasteter Körper jede Minute nutzte, um sich zu erholen.

Beim Wachwerden bzw. beim erzwungenen Aufstehen durch die grausame Erfindung des Weckers, war ich wie erschlagen. Ich hätte mich am liebsten im Bett umgedreht und noch einige Runden geschlafen. Immerhin hatte ich inzwischen etwas mehr als 700 km hinter mich gebracht, eine stolze Leistung, sagte mir meine optimistische Seite. Aber es lagen noch 300 km vor mir und darin enthalten zahlreiche unbequeme Höhenmeter. Es musste weitergehen, keine Frage. So führte ich jeden Morgen Selbstgespräche und lenkte meine Gedanken in die richtige Richtung.

Am Vorabend hatte ich mich wieder einmal geärgert, weil kein Gummistopfen vorhanden war, um den Wasserablauf in der Badewanne zu verschließen. Es war uns mittlerweile bekannt, dass die Inhaber der Hostals den Gästen bewusst diese Stopfen vorenthielten, um sie daran zu hindern ein Bad zu nehmen. Schließlich erfordert so ein Wannenbad Wasser und Strom, und das kostet Geld. Multipliziert man diesen Vorgang mit der Anzahl der Gäste, so schlägt das in der Kasse des Besitzers positiv zu Buche. Machte man sich trotzdem die Mühe, nach diesem Teil zu fragen, so bekam man immer die gleiche dumme Antwort: Man habe keine Verschlüsse. Die Schuld gab man den Gästen, denen man einfach unterstellte, sie würden die Gummidinger mitnehmen.

Aber wir wussten uns ja zu helfen. Eine einfache Plastiktüte aus dem Supermarkt leistete beste Hilfe. Etwas Wasser hinein, auf den Abfluss der Wanne gelegt, und schon war alles dicht. Neben dem Hochgenuss, im warmen Wasser zu liegen, verspürte man das wunderbare Gefühl, den „Geizkragen des Hotals“ ausgetrickst zu haben.

Der nächste Morgen überraschte mit ungewohnter Kühle. Das Thermometer einer nahe liegenden Apotheke zeigte herbstliche sechs Grad Celsius an. Ich überlegte beim Ankleiden, ob ich erstmals auf dieser Reise meine lange Pilgerhose anziehen sollte, blieb aber bei der kurzen Version.

Ein vorsorglicher Blick auf die Profilkarte (sie gibt Auskunft über die zu bewältigenden Steigungen) sagte mir, dass es den ganzen Tag nur eine Richtung geben sollte, nämlich nach oben. Darüber konnte ich mich nun gar nicht freuen, denn Steigungen zu erklettern zählte nicht zu meinen Stärken. Aber die Landschaft ist nun mal so wie sie ist, und da hilft kein Jammern und Klagen, einfach … weiter, immer weiter.

Ich war den größten Teil des Pilgertages alleine auf der Piste und so hatte ich wieder einmal genügend Zeit, mich meinen Gedanken hinzugeben. Lediglich einmal meldete sich das Handy. In der Leitung war Natascha, die Chefin des Literaturkreises Denia. Sie wollte mir unbedingt sagen, wie sehr sie es bedauere, dass die Live-Schaltung nicht richtig funktioniert habe. Zudem überbrachte sie mir die Grüße und guten Wünsche aller ihrer Gäste, die an diesem Abend im Literaturkreis waren. Das gab mir zusätzlich Kraft und Motivation, die ich für die verbleibenden Tage sehr gut brauchen konnte.

Um die Mittagszeit erreichte ich ein kleines Dorf. Während ich durch die Ortschaft wanderte, schaute ich mich um und mir fiel auf, dass die Straßen und Häuser einen äußerst gepflegten Eindruck machten. Des weiteren war auffällig, dass der Ort völlig menschenleer war und auch keinerlei Verkehrsaufkommen zeigte. Selbst die ansonsten überall laut bellenden Hunde fehlten. Der Ortskern lag auf einem kleinen Hügel, sodass die Durchgangsstraße von beiden Seiten leicht anstieg. Für mich unerwartet sah ich einen Mann, der eine Schubkarre langsam und schleppend vor sich herrollte. Auf der Karre lag ein Stück Eisenblech, das eventuell für eine Türverkleidung gedacht war. Der Unbekannte trug einen blauen Arbeitsanzug, der frisch gewaschen aussah oder aber gerade neugekauft worden war. Sein gebräuntes Gesicht hatte tiefe Falten, Ausdruck eines arbeitsreichen und sorgenvollen Lebens. Sein Haar war trotz seines geschätzten Alters von nahezu 80 Jahren tiefschwarz.

Ich erkannte sofort, dass dieser Mensch in Schwierigkeiten

war, denn er hatte große Probleme, die überladene schwere Karre den Berg hoch zu schieben. Ich weiß nicht warum, aber in diesem Moment sah ich Jesus mit dem schweren Holzkreuz auf den Schultern auf dem Kreuzweg wanken. Ich beschleunigte meinen Schritt und ging dem Mann zielstrebig entgegen. Ich grüßte kurz und bot ihm meine Hilfe an. Mein Gegenüber sprach kein Wort, setzte die Schubkarre ab und lächelte mich an. Dieses Lächeln ging mir durch meinen Körper wie elektrischer Strom, ich kann das nicht anders erklären. Ich kann auch nicht schildern was hierbei so anders war, nur, es war etwas Ungewöhnliches, Unvergleichbares und Unvergessliches.

Ich legte meinen Wanderstock aus der Hand und hob die Karre an, um sie ca. 130 m den Hang hochzuwuchten. Es war schwerer, als ich dachte, zumal ich meine 7 kg, die ich im Rucksack trug, total vergessen hatte. Nach kurzer Zeit, die mir wie eine Ewigkeit vorkam, setzte ich die Ladung auf Hanghöhe ab. Ich schnaufte heftig und rang nach Luft, aber ich war glücklich dem alten Mann geholfen zu haben. Wir standen uns nun gegenüber und schauten uns ins Gesicht. Ich konnte seinem Blick jedoch nicht lange standhalten. Zu sehr beeindruckten mich seine tiefschwarzen Augen. Es war Totenstille auf der Straße und selbst die bisher munter zwitschernden Vögel vergaßen ihr Lied, um zu sehen, was dort gerade passierte. Der alte Mann musterte mich noch einige Sekunden, wobei er seine rechte Hand auf meine Schulter legte. Dann streckte er mir seine Hand entgegen, ich nahm sie und wir tauschten einen langen, kräftigen Händedruck aus, ohne ein Wort zu sprechen. Er nahm seine Schubkarre, schaute noch einmal zu mir auf und entfernte sich mit einem „buen camino“. Für mich war es eines der schönsten „Dankeschön“, die ich je in meinem Leben erhalten habe.

Noch etwas war es, was meine Gefühle bis zum heutigen Tage so berührt hat. Man lernt im Laufe seines Lebens Tausende von Menschen kennen, die man schnell wieder vergisst. Aber diese kurze Begegnung mit dem alten Herrn war so intensiv und lässt mich in der Gewissheit zurück, einen guten Freund verabschiedet zu haben, ohne die Hoffnung, ihn jemals wiederzusehen. Mich beschäftigte das Erlebte für den Rest des Tages und ich registrierte nicht, dass knapp 730 km hinter mir lagen.

Donnerstag, 15. Oktober 2009, ein neuer Pilgertag wartete auf mich. Es war der 34. Tagesabschnitt, der vor mir lag. Direkt zu Beginn des Tages stand die Kälte im Wettbewerb mit meiner kurzen Pilgerhose und versuchte es heute mal mit nur 4 Grad Celsius. Doch die kurze Hose behielt die Oberhand.

Heute wollte ich bis zum Ort PUEBLA DE SANABRIA kommen, der in einer Höhe von 900 Metern liegt. Vielleicht noch ein Stückchen weiter, wenn es meine Kräfte erlaubten. Es sei vorweg genommen, es wurde ein Tag ohne wesentliche Geschehnisse und Probleme. Meine Schmerzen hielten sich heute in Grenzen und meine Kräfte reichten nicht nur für die Tagesetappe, sondern noch für ca. sechs zusätzliche Kilometer.

Brigitte hatte in SANABRIA eine kleine hübsche Pension gefunden. Wir setzten uns auf die Terrasse und genossen die wärmende Nachmittagssonne bei „cerveza, bocadillo und aceitunas“ (Bier, Brötchen und Oliven). Während wir unseren Imbiss verzehrten, erzählte mir Brigitte, dass sie in der Nähe der mächtigen Burg eine kleine Bar mit Internetanschluss entdeckt hatte. Ich war sofort hellwach, denn ich musste dringend ins Netz, um meine Mails zu checken. Wir gingen die kurze Strecke dorthin zu Fuß und setzten uns an einen der freien Tische, die vor der Bar aufgestellt waren.

Am Nebentisch saß ein Pärchen aus der Schweiz. Man kam schnell ins Gespräch, wobei sich herausstellte, dass die beiden mein Buch kannten und nun sichtlich erfreut waren, den Autoren persönlich kennenzulernen. Wieder einmal war bewiesen, dass die Welt doch sehr klein ist.

Zwischenzeitlich hatte Carlos, der Barbesitzer, uns den bestellten Kaffee serviert. Brigitte war ja am Vormittag schon in seiner Bar, hatte einige Zeit am PC verbracht und sich mit Carlos unterhalten. Er begrüßte uns daher sehr freundlich per Handschlag und unterhielt sich einige Zeit mit uns. Er schien etwas auf dem Herzen zu haben, traute sich aber nicht es auszusprechen.

Die Schweizer bezahlen ihre Rechnung und sagten Adieu. Ich nutzte die Gelegenheit, mich auf den PC zu stürzen, um meine Mails abzuholen. Da ansonsten keine weiteren Gäste im Lokal waren, die ins Internet wollten, konnte ich mir so richtig Zeit lassen, um alles zu erledigen. Wie ich dann später von Brigitte erfuhr, nutzte Carlos die Gunst der Stunde und erzählte ihr seine rührende Liebesgeschichte, die ich hier in Kurzfassung wiedergebe: Anlässlich eines Besuches in Leipzig hatte Carlos ein Mädchen getroffen und sich Hals über Kopf in die junge Dame verliebt. Wegen der bevorstehenden Abreise und der sprachlichen Schwierigkeiten, aber auch wegen seiner Schüchternheit, hatte er keine Gelegenheit festzustellen, ob seine Liebe erwidert wurde. Lediglich die Telefonnummer hatte man ausgetauscht. Es hatte ihn so „erwischt", dass der Liebeskummer an seinem Herzen nagte (Ende der Lovestory).

In seiner verständlichen Not bat er meine Liebste, eine SMS, die er auf Spanisch bereits vorformuliert hatte, ins Deutsche zu übersetzen. Man merkte ihm an, dass er im Schreiben von Liebes-SMS keine große Erfahrung hatte. Daher wurde jedes Wort x-mal durchgekaut, bis der endgültige Text formuliert war. Meine Diskretion verbietet mir eine Wiedergabe der dramatischen Zeilen. Die neuen Gäste wurden sträflich vernachlässigt und nur schleppend bedient. „Die Geigen im Liebeshimmel" waren im Moment wichtiger als zahlungskräftige Gäste. Inzwischen war ich an unseren Tisch zurück, und der junge Wirt hatte wohl Sorge, ich könnte die Runde auflösen. Er drängte mich noch etwas zu bestellen, selbstverständlich auf Kosten des Hauses. Zumindest für mich war der Nachmittag gerettet.

Voller Ungeduld erwartete der spanische Romeo nun eine Antwort von seiner deutschen Julia. Diese blieb aber aus, was zu einer neuerlichen Bitte führte und mir ein weiteres Heißgetränk auf Kosten des Hauses bescherte. Er bat Brigitte, seine nichts ahnende Traumfrau anzurufen, um die Liebeserklärung dort zu platzieren wo sie hingehört. Carlos suchte nervös nach der erforderlichen Telefonnummer. Er fand schließlich einen zerknitterten Zettel in seiner Brieftasche, den er über den Tisch zu Brigitte schob. Diese nahm das Handy unseres Liebenden und begann die Nummer einzutippen. Doch der Spanier unterbrach diesen Vorgang und zog eine Telefonkarte aus der Hemdtasche. Die Liebe schien Grenzen zu haben, denn Carlos informierte, dass das Telefonieren mit dem Handy zu teuer wäre und ermunterte meine Liebste die auf der anderen Straßenseite befindliche Telefonzelle zu benutzen. Sie behielt die Geduld und setzte sich in Bewegung. Zur Abwechselung trank ich mal eine Cola light, ohne Eis, die mir sofort gebracht wurde, um mich bei Laune zu halten.

Nach wenigen Minuten kam Brigitte mit einem strahlenden Lächeln von der Besichtigung einer spanischen Telefonzelle zurück. Carlos hielt es nicht auf seinem Stuhl und er rannte der Telefonistin entgegen. Brigitte hatte die Dame erreichen können und die Botschaft aus Spanien abgesetzt und zwar mit Erfolg. Carlos hing an Brigittes Lippen und saugte jedes Wort von ihr auf, wie die Biene den süßen Nektar. Im Ergebnis wurde der Wunsch von Carlos nach neuerlichem Kontakt von der Dame akzeptiert. Der überglückliche Lover spendierte uns noch zwei Kaffee, die wir hastig austranken, um weiteren Aufträgen als „postillon d'amour" zu entgehen. Wir sagten „Adios!" und gingen zu unserer Pension zurück. „Und wenn sie nicht gestorben sind, dann leben sie noch heute", möchte man denken. Doch das Thema sollte uns am nächsten Tag nochmals beschäftigen und an unseren Nerven zehren.

Ein aufregender neuer Tag stand mir bevor. Ich wurde beim morgendlichen Start „kalt erwischt". Es war lausig, das Thermometer zeigte 6 Grad MINUS. Ich trug meine kurze Hose, denn mit dieser Kälte konnte ich nicht rechnen, und die Kleidung wechseln wollte ich jetzt auch nicht mehr. Die Autofahrer mussten ihre Scheiben freikratzen, es war noch dunkel.

Ich wollte heute den ca. 1.360 m hohen PADORNELO-PASS überqueren und dann sehen, wie weit ich nach den zu erwartenden Anstrengungen noch kommen würde. Zur Vorbereitung hatte ich meinen Reiseführer ausgiebig studiert. Dieser informierte einerseits über eine landschaftlich schöne Strecke, warnte aber gleichzeitig vor Überschwemmungen nach Regenfällen und der Gefahr sich zu verlaufen. Nach reiflicher Überlegung siegte die Vernunft über das Heldentum und ich beschloss, die Passhöhe über die wenig befahrene Nationalstraße zu erreichen. Das hieß etwa 10 km stetiger Anstieg. Laut Beschreibung liegt am Ende der Strecke eine 1,3 km lange spektakuläre Brücke, dahinter ein 425 m langer Tunnel. Die Info über die Brücke beunruhigte mich, hatte ich doch das Drama bei der Überquerung des RIO ESLA in frischer mulmiger Erinnerung. Doch es kam anders als ich dachte.

Den Anstieg meisterte ich relativ gut. Die regelmäßigen Kilometerangaben waren mir eine gute Hilfe und auch Motivation. Als ich die Brücke im Sichtfeld hatte, kamen mir große Zweifel, ob ich sie ohne Probleme betreten könne. Im

Gegensatz zur Situation am Rio Esla, wo es lediglich einen sehr schmalen Fußgängerweg gab, blieb der Straßenverlauf im Bereich dieser Brücke gleich, das heißt es war genügend Platz. Gott sei Dank machte mir mein Parkinson hier keine Schwierigkeiten.

Unmittelbar hinter der Brücke begann der Tunnel der direkt unter der Passhöhe lag. Die Unterführung hatte für den Verkehr zwei engere Fahrspuren und auf jeder Seite einen äußerst schmalen Bereich für Fußgänger. Dieser Bürgersteig war dazu noch ungewöhnlich hoch und wirkte wegen der Rundung des Tunnels sehr beklemmend. Die Beleuchtung der Röhre war meiner Meinung nach unzureichend. Nichts ahnend betrat ich gut gelaunt das Bauwerk, das Ende war als kleiner, heller Punkt sichtbar.

Plötzlich wurde mir übel und ich bekam Platzangst. Ich umklammerte meinen Wanderstock und zwang mich weiterzugehen. Ein Auto mit aufgeblendeten Scheinwerfern kam mir entgegen. Ich hob schützend die Hand vor meine Augen und presste mich gegen die feuchte Tunnelwand. Der Wagen raste heran, mit gefühlten 200 km/h. Dazu baute sich ein Lärmpegel auf, der nicht auszuhalten war. Ich hatte Angst, nackte Angst

und stand, unfähig mich zu bewegen, auf dem Betonboden. Als das Fahrzeug weg war, versuchte ich mich fortzubewegen, was mir nur mühsam gelang. Zusätzlich hatte ich nun Gleichgewichtsstörungen. Ich versuchte mich umzudrehen, um zum Tunneleingang zu kommen, aber es ging nicht. Nach einer kurzen Konzentrationsphase schlurfte ich ca. 40 m weiter. Ein weiteres, noch größeres Fahrzeug fuhr in den Tunnel ein, es war ein LKW. Er fuhr auf mich zu und aus der Sicht eines Menschen, der an Parkinson erkrankt ist, wurde der Abstand zwischen Fahrspur und Gehsteig immer enger. Ich hatte den Eindruck zerquetscht zu werden. Dadurch geriet ich in Panik. Ich schloss einfach meine Augen und wartete auf das was passieren würde. Aber natürlich passierte mir nichts! Doch ich war völlig fertig und hatte nur ein Ziel, raus aus diesem verdammten Loch.

Instinktiv wählte ich die richtige Richtung. Ich setzte vorsichtig und ganz langsam einen Fuß vor den anderen, vergleichbar mit einer Person die über einen zugefrorenen See geht und nicht weiß, ob das Eis sie trägt. Mit kleinen Trippelschritten legte ich Meter um Meter zurück. Ich dachte, ich hätte es überstanden. Doch da jagte eine Motorradgruppe an mir vorbei, die einen solchen Lärm erzeugte, als würde ein Düsenjet starten. Mein Herz raste, ich verkrampfte erneut und erholte mich nur schleppend. Endlich, nach einer für mich endlos scheinenden Zeit erreichte ich den Ausgang des Tunnels. Der Horror hatte ein Ende, ich fühlte mich unglaublich erleichtert und auch ein wenig stolz, diese für mich schwere Prüfung bestanden zu haben. Ich kam mir vor wie ein geretteter Bergmann nach einem Grubenunglück.

Das wieder vorhandene Tageslicht beruhigte mich zunehmend und nach wenigen hundert Metern hatte ich das Bergdorf PADORNELO erreicht, wo ich mich mit Brigitte in einer Bar zu einem Kaffee verabredet hatte. Meine Liebe saß inmitten einer fröhlichen Runde von Pilgern und Pilgerinnen, die ebenfalls Rast hier in der einzigen Bar des Ortes machten. Brigittes herzliche Begrüßung und die liebevolle Umarmung ließ mich das Erlebte, zumindest für diesen Moment, vergessen.

Es war eine bunte Mischung von Pilgern, die sich hier zusammengefunden hatte. Unter anderem eine Buchautorin und ein Pfarrer aus Stuttgart, der mir erzählte, dass sein Vater ebenfalls an Parkinson erkrankt ist. Es gab jede Menge Gesprächsstoff und wir wären gerne noch länger geblieben, um uns auszutauschen. Aber dafür fehlte leider die Zeit, denn jeder einzelne von uns wollte sein heutiges Ziel erreichen.

Die noch verbleibenden 8 km schaffte ich mit zwar nur mit großer Mühe, aber ohne sonstige Beanstandungen. Die Grenze zu Galicien war greifbar nahe.

Da wir eine weitere Nacht in Sanabria gebucht hatten fuhren wir mit dem Auto zurück. Es ist schon komisch, wenn man unter Aufbringung der letzten Kräfte nach stundenlanger Wanderung sein Ziel erreicht hat und dann mit dem Auto in ca. 30 Minuten wieder an den Punkt zurück befördert wird, von dem aus man gestartet ist. In der Pension machten wir uns frisch, um dann unserem Romeo Carlos einen weiteren Besuch abzustatten.

Da ich zu den Menschen gehöre, die sich sehr schnell wieder erholen, gingen wir trotz meiner geschundenen Knochen den Weg dorthin zu Fuß. Die Bar war nur spärlich besucht. Nach einer wieder sehr herzlichen Begrüßung bestellten wir unseren Kaffee. Nach kurzer Zeit servierte Carlos die Getränke und nahm an unserem Tisch Platz. Nach dem üblichen Geplänkel kam er zielstrebig auf seine Lovestory zu sprechen.

Er redete zunächst um den heißen Brei herum, ehe er uns fragte, ob wir ihm bei der Erstellung einer E-Mail an seine Liebe in Leipzig helfen könnten. Seine Frage ging aber mehr in Richtung meiner Begleiterin, die durch Kopfnicken ihre

Zustimmung zu erkennen gab. Ich lehnte mich auf meinen Stuhl zurück und bestellte mir eine eiskalte „caña“, auf Kosten des Hauses, wie Carlos bemerkte. Die beiden verschwanden und setzten sich vor den Computer um mit der „Schulung“ zu beginnen. Jetzt war mir alles klar, Carlos betrieb zwar eine Bar mit Internet für seine Gäste, hatte aber keinerlei Ahnung davon, noch nicht einmal Grundkenntnisse. Sein Wissen bestand lediglich darin, den Rechner morgens einzuschalten und am Abend den Off-Knopf zu drücken, in der Hoffnung, dass tagsüber alles glattging.

Um es kurz zu machen, Brigitte richtete ihm eine Internetadresse ein und erklärte ihm, wie man eine E-Mail schreibt. Es blieb bei den Erklärungsversuchen, denn Carlos hatte nicht das geringste Verständnis für PC und Internet. Brigitte warf mir hin und wieder einen verzweifelten Blick zu, aber da konnte ich ihr auch nicht heraushelfen. Er verstand nichts von all dem, was sie ihm verzweifelt beizubringen versuchte. Aber das gab

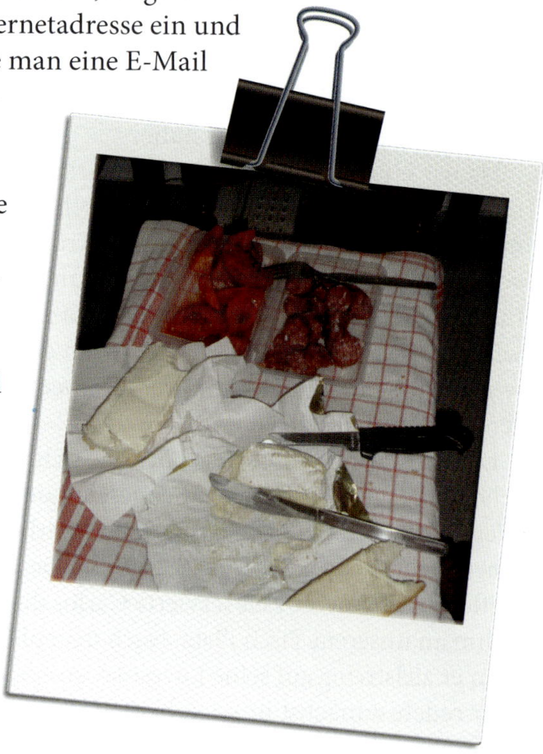

der stolze Spanier natürlich nicht zu und kommentierte alles was er hörte und sah mit einem „claro“. Diese Prozedur dauert fast anderthalb Stunden, dann warf sie das Handtuch. Bei der Verabschiedung versprach er uns in den nächsten Tagen eine Mail zu senden. Raten Sie mal wann sie gekommen ist? Richtig, bis heute nicht.

Das Hotel hatten wir heute ganz alleine für uns. Wir verzichteten auf einen Restaurantbesuch und gönnten uns stattdessen ein romantisches Picknick in unserem Zimmer mit Kerzenlicht und rotem Wein – auch Pilger haben ihre Bedürfnisse.

GALICIA

Der heutige Tag, es war der 17. Oktober 2009, sollte mir in besonderer Erinnerung bleiben. Denn zum zweiten Mal sollte ich die grenze zu Galicien überschreiten und als Pilger in den Teil Spaniens gelangen, in dem das Ziel meiner Reise, Santiago de Compostela liegt. Diese Stadt, die vor 36 Tagen, zu Beginn meiner Tour, noch so unendlich weit entfernt war. Doch bis zum PASS VON A CANDA, wo die Grenzlinie ihren Verlauf hat, war noch ein gutes Stück Laufarbeit zu erledigen.

Hatte ich gestern alle Kräfte benötigt, um den PADORNELO-PASS hinauf zu wandern, so endete die Tagesetappe heute ca. 300 m tiefer in LUBIAN. Zunächst ging es wieder 240 m hinauf um die Höhe zu erreichen. Ich habe bis heute die Anstrengungen dieses Anstieges nicht vergessen. Für junge und gesunde Pilger mag dies keine so große Leistung sein, aber mich, mit meinen 63 Jahren und der fortgeschrittenen Parkinson-Erkrankung hat dieser Abschnitt viel Substanz gekostet. In immer kürzeren Abständen musste ich anhalten, um Luft in meine schmerzende Lunge zu pumpen. Manchmal wurde mir schwindelig, aber mein Wanderstab half mir immer in die Balance zurück. Obwohl es „saukalt“ war schwitzte ich nach kurzer Zeit sehr stark. Natürlich trug ich meine kurze Hose, denn ich wollte jetzt auch für den Rest der Zeit meine „Beinfreiheit“ nicht missen.

Ein lieber Anruf von Gisela, meiner netten Freundin aus

dem Costa-Blanca-Forum, erreichte mich und ich freute mich sehr darüber. Sie war zwar mit ihrem Ehemann zu diesem Zeitpunkt auf einer Mittelmeerkreuzfahrt, ließ es sich aber nicht nehmen, mich von dort anzurufen um mir Durchhalteparolen von hoher See in die hohen Berge zu funken.

Die Qualen der Passbesteigung hatten irgendwann ein Ende und als Belohnung wurde mir ein wunderschöner Blick auf Galicien geschenkt. Vor mir lag die Provinz OURENSE in der die sonst gelben Pfeile durch Steinplatten mit Skulpturen Abwechslung fanden.

Von der Strecke gibt es nichts Aufregendes zu berichten, ich kam schneller voran als ich dachte. Und das hatte dann zur Folge, dass ich heute an der Zimmersuche teilnehmen durfte. Wir inspizierten zwei oder drei Möglichkeiten, die aber durch unser Anforderungsraster fielen. Wir waren schon in eine der nächsten Orte gefahren als wir, direkt an der Nationalstraße, eine Bar entdeckten, in der auch Zimmer angeboten wurden.

Das Hostal wirkte von außen gepflegt, sodass wir hineingingen. Im Gastraum befand sich keine Menschenseele. Als wir gerade rufen wollten, erschien eine bieder gekleidete Frau. Sie kam offensichtlich aus der Küche, da sie eine Schürze trug und sich schnell ihre Hände daran abtrocknete. Sie begrüßte uns freundlich und fragte, was wir wünschten. Brav sagten wir mal wieder unser „Zimmersprüchlein“ auf und erwarteten eine Antwort.

Die Frau musterte uns und stellte sich dabei wohl die Frage, was sie uns für einen Zimmerpreis berechnen könnte. „Das Doppelzimmer kostet 30 Euro“, sagte sie mit fester Stimme, blickte uns dabei aber sehr unsicher an. Der Preis war eigentlich in Ordnung, doch Brigitte, die auf den beiden Pilgerreisen inzwischen reichlich Erfahrungen mit der Anmietung von Zimmern gesammelt hatte, schüttelte energisch den Kopf. Sekundenlang herrschte erwartungsvolle Stille. Um die „Verhandlungen“ voranzutreiben fragten wir, ob wir uns das

Zimmer mal anschauen dürften. „Claro", kam die prompte Antwort der Vermieterin. Die Besichtigung ergab keinerlei Beanstandungen, das Zimmer war sauber und nett eingerichtet und der Weg zum „Vertragsabschluss" somit frei – dachte die liebe Frau.

„Veinteycinco", (also 25), hörte ich Brigitte sagen. Die schon siegessichere Dame zuckte enttäuscht die Schultern. Um zu demonstrieren, dass wir unter keinen Umständen mehr bezahlen würden, drehten wir uns nach einem kleinen Moment um und gingen Richtung Ausgang. Die gewünschte Wirkung blieb nicht aus, die Verhandlungspartnerin willigte zähneknirschend ein. Wohl wissend hatten wir unsere Anfrage auf lediglich eine Nacht bezogen, denn jetzt musste ich meine Rolle in diesem Katz- und Mausspiel übernehmen. „Wir würden eventuell noch eine Nacht länger bleiben", erklärte ich mit freundlicher Stimme und gab gleich eine Preisempfehlung von 20 Euro. Die Spanierin schaute mich verwundert an, und wieder herrschte eisige Stille. Um ihr bei ihrer Entscheidung zu helfen und das entstandene Gesprächsloch zu füllen, argumentierte ich, dass sie ja nur einmal Bettwäsche aufziehen müsse. Brigitte nickte unterstützend. Aber wir bekamen eine Absage, die andere Partei sagte „No". Das beeindruckte uns wenig, denn wir hatten noch eine Trumpfkarte im Ärmel. Ich öffnete demonstrativ meinen Brustbeutel, nahm in passenden Scheinen einmal 30 Euro in die rechte Hand und 40 Euro in die linke und hielt ihr mit ausgestreckten Armen das Geld hin. Die Dame lächelte uns an und nahm wortlos die 40 Euro.

Zum Abendessen blieben wir in der kleinen Bar des Hostals und als wir gerade beim Dessert waren kam der Pfarrer aus Stuttgart, der Mitpilger, den wir in den Bergen kennengelernt hatten, zur Tür herein. Wir freuten uns sehr darüber, er setzte sich zu uns und bei einem Gläschen „vino tinto" unterhielten wir uns über alles Mögliche. Aus dieser regen Unterhaltung möchte ich in Kürze über einen Diskussionspunkt berichten, der mich nachdenklich gemacht hat.

Man fragt sehr häufig andere Pilgerkollegen nach dem Sinn ihrer (Tor)Tour. Von niemandem habe ich bisher eine klare Antwort erhalten. Es ist deshalb nicht verwunderlich, dass ich Johannes auch diese Frage stellte. Ich hatte von einem Pfarrer ein religiöses Motiv erwartet. Aber seine Begründung lag im normalen menschlichen Bereich: „Ich möchte auf meiner Pilgerreise versuchen zu lernen, die Dinge wertfreier zu sehen als bisher und nicht immer alles zu bewerten, um dann mein Umfeld besser und intensiver wahrnehmen zu können."

Eine Aussage, bei der man sich selbst an die Nase packen möchte.

Bei der Verabschiedung übergab ich mein signiertes Buch mit der Bitte, dies an seinen kranken Vater zu übergeben. Aus einem späteren Kontakt weiß ich, dass die Parkinson-Erkrankung seines Vaters schon so weit fortgeschritten war, dass man ihm den Text des Buches vorlesen musste.

Noch 200 km bis SANTIAGO.

Heute war wieder einmal Sonntag, doch darauf nimmt ein Pilger keine Rücksicht. Auch mein „Schatten Parkinson“ hatte sich in den frühen Morgenstunden gemeldet und mich durch kräftige schmerzvolle Krämpfe in beiden Beinen daran erinnert, dass er auch noch da war. Ich wünschte ihm auch einen schönen Sonntag und versuchte den Peiniger zu vergessen.

Auf noch etwas wackeligen Beinen machte ich mich auf den Weg. Ich hatte heute kein genaues Ziel, wollte nur Kilometer „fressen“ und so weit gehen, wie die Füße mich tragen.

Hinter dem Dörfchen VENDA DO ESPINO verläuft eine kilometerlange Höhenstraße, die rechts und links wunderschöne Talblicke ermöglicht. Traumhaft auch die Sicht auf den Stausee bei VENDA TERESA. Ich konnte die Ruhe und die Einsamkeit so richtig genießen und war mit mir und meinen Gedanken alleine.

An einem leichten Anstieg hörte ich ein klapperndes Geräusch hinter mir und wurde wieder „wach“. Das Klappern wurde lauter und ich neugieriger. Also blieb ich stehen, um nachzuschauen, wer da meine Ruhe störte. Ein langer Schatten überholte mich. Vor mir stand ein etwa zwei Meter großer Mann, der mich freundlich mit einem „buen camino" begrüßte. Ich gab diesen Gruß ebenfalls zurück, weil mir dieser Mensch auf den ersten Blick sympathisch war. Auf seinem grauen Haar saß eine Radfahrerkappe, wie sie vor Jahrzehnten von den Rennsport-Idolen Hennes Junkermann und Rudi Altig getragen wurden. Er trug eine knallrote Jacke, dazu Radlerhosen. Die Geräusche verursachte ein alter Drahtesel, der schon mal bessere Tage gesehen hatte. Der Besitzer möge mir verzeihen, aber das Gefährt konnte auch vom Sperrmüll stammen. Es handelte sich um ein einfaches Straßenrad, lediglich mit einer simplen Dreigangschaltung ausgestattet. Sein spärliches Hab und Gut war in einem Plastiksack verstaut und mit einem Band auf dem wackeligen Gepäckträger befestigt.

Wir tauschten unsere Namen aus. Ich hatte Klaus aus dem Saarland kennengelernt. Wir setzten unseren Weg gemeinsam fort und jeder erzählte seine persönliche Geschichte. So erfuhr ich von meinem Mitpilger, dass er auf die siebzig zuging und sich noch mal auf den Jakobsweg begeben wollte. Er hatte sich das Geld gespart und war mit einem Billigflieger nach Sevilla geflogen und von dort aus unterwegs nach Santiago de Compostela. Ich wagte es kaum zu glauben und warf nochmals einen Blick auf das alte Fahrrad. Klaus erahnte wohl meine Gedanken und erklärte mir voller Stolz, dass er noch keine nennenswerte Panne gehabt hätte, sogar von einem Reifenschaden sei er bisher verschont geblieben. Ich war beeindruckt und sprach meinem Landsmann Respekt und Hochachtung aus. Klaus war in meinen Augen ein mutiger, richtiger Abenteurer.

Der Anstieg war zu Ende. Wir machten noch Fotos von uns und sagten „Adios!". Klaus bestieg sein Fahrrad und rollte den Berg hinunter. So wie das Klappern gekommen war, so entfernte es sich wieder aus meinem Gehör. Ich folgte Klaus noch eine Weile mit meinen Augen, bis der rote Punkt seiner Jacke in der Ferne hinter einer Kurve verschwand.

Kurz danach, genau in CAMPOBECERROS „stoppte“ mich Brigitte und überzeugte mich davon, für heute Schluss zu machen. Sie sah mir wohl an, dass ich für diesen Tag genug hatte und ließ sich auf keine Einwände meinerseits ein. Heute ließ ich mich gerne überreden, denn ich war wirklich fix und fertig. Außerdem konnte ich weitere 21 gelaufene Kilometer auf meiner Liste verbuchen. So fuhren wir gemeinsam zurück in unsere Unterkunft.

Als wir die Zimmertür öffneten, schlug uns eine Kältewelle entgegen. Beim Saubermachen hatte man zur Durchlüftung das Fenster weit aufgestoßen und, wen wundert’s, vergessen es wieder zu schließen. Uns war kalt und da Brigitte unser kleines Heizöfchen von zu Hause mitgenommen hatte, sollte dies hier und jetzt zum Einsatz kommen.

Ich holte den Wärmespender aus dem Kofferraum unseres Wagens. Mittlerweile begann es dunkel zu werden. Die Beleuchtung in der Bar, auf den Fluren und Treppen war eingeschaltet und spendete das erforderliche Licht. Auch in unserem Zimmer brannten alle Lichtquellen. Wie einen Pokal hob ich den Heizlüfter in die Höhe, um dann den Stecker in die Dose zu drücken. Schalter an und das kleine Ding spuckte sofort angenehme warme Luft aus. Ich rieb mir die etwas klammen Hände in dem Luftstrom. Doch dieser Luxus sollte nicht lange anhalten. Plötzlich, wie aus heiterem Himmel machte es „klick!“, und wir standen im Dunkeln. Von warmer Luft keine Spur mehr, der Heizer hatte seinen Dienst eingestellt.

Brigitte öffnete die Zimmertür zum Flur und auch dort waren alle Lichter aus. Obwohl ich eine handwerkliche Null bin, stellte ich sofort eine Diagnose: Stromausfall durch Netzüberlastung! Der Raumlüfter hatte 2.000 Watt Leistung, und das verkrafteten die alten und maroden Leitungen des Hauses nicht.

Im Treppenhaus und auf dem Flur kam Bewegung in die Sache. Die Betreiberin der Pension war auf der Suche nach der Ursache des Stromversagens. Sie fand zwar den Grund nicht, aber schaltete die Sicherungen wieder hoch und siehe da: „Es wurde Licht."

Brigitte und ich hatten uns vollkommen ruhig verhalten. Wir wollten vermeiden, dass unser „Image" bei der Hausherrin noch weiter absackte. Schlauerweise hatten wir auch den Stecker aus der Wand gezogen, denn ansonsten wäre die Sicherung sofort erneut heraus gesprungen. Was blieb war jedoch die Kälte in unserem Schlafraum. Was tun? Wir überlegten, hatten aber keine Lösung. Aber war der Heizofen überhaupt der Auslöser des Problems? Wir schauten uns an und jeder wusste, was sein gegenüber gerade dachte. Wir sprachen es nicht aus, aber wir taten es einfach. Mutig und zu allem entschlossen nahm ich das Kabel erneut in die Hand um es in die Steckdose zu drücken. Ich schaute meiner Tatbeteiligten noch mal ins Gesicht. Sie nickte stumm. Ja, es sollte geschehen. Mich überzog eine Gänsehaut, als sich die Stromkontakte berührten. In der gleichen Sekunde war wieder alles stockfinster. Der Beweis war eindeutig, der Ofen war die Ursache. Jetzt galt es wieder Ruhe zu bewahren, bis sich die Situation entspannt hatte, denn wir wollten auf keinen Fall auffallen.

Nach wenigen Augenblicken hörten wir, wie eine Person den Flur entlang ging, leise vor sich hin schimpfend. Sie musste wohl eine Taschenlampe mit sich getragen haben. Dies vermuteten wir, als unter der Zimmertüre ein schwacher Lichtstrahl vorbeihuschte. Nach Überprüfung der Sicherungen endete der zweite Akt des „Dramas".

Nach 30 Minuten gingen wir in den Gastraum zum Abendessen. Wir spielten die Unschuldigen und Unwissenden. Unsere gebeutelte Vermieterin kam zu uns, um die Bestellung aufzunehmen. Dabei entschuldigte sie sich für die „molestas", den Ärger mit dem Strom. Wir zeigten größtes Verständnis. Mit den Worten: „Das kann ja schon mal passieren“, nahmen wir ihr „desculpa“, (ihre Entschuldigung) entgegen.

Hätte an diesem Tage der große Wilhelm Busch gelebt und diesen Streich mitbekommen, dann würden Brigitte und ich ab heute Max und Moritz heißen.

Während des Abendessens erzählte mir Brigitte, welchen unbeabsichtigten Wirbel sie in einer städtischen Bibliothek ausgelöst hatte. Auf der Suche nach einer Internetverbindung kam sie zufällig an der Stadtbücherei vorbei. Wir wussten, dass viele Gemeinden dort Internet zur Nutzung für die Bevölkerung eingerichtet hatten. Zielstrebig ging sie hinein, sah auch einige PCs stehen und fragte nach, ob sie an einen der PCs gehen könnte. Man verneinte und erklärte ihr, dass diese hier nur für die Angestellten der Behörden seien.

Da sie aber keine Lust hatte, weiter auf die Suche nach einem Internetcafé zu gehen, erzählte sie der Dame, dass es sehr wichtig wäre. Ihr Mann, der als Pilger oben in den Bergen unterwegs sei, wäre telefonisch nicht zu erreichen (was auch tatsächlich zutraf – Funkloch) und sie müsse unbedingt ins Internet um eine Karte zu finden, auf der diese kleinen Bergdörfchen eingezeichnet sind, um ihn dort zu finden (stimmte nicht ganz, sie hatte eine Karte). Von dem Vorhaben, eigentlich nur nach weiteren Übernachtungsmöglichkeiten in den nächsten Städten zu recherchieren und die E-Mails von uns beiden zu checken, sagte sie jedoch bewusst nichts.

Das Ganze wurde von Brigitte auf Spanisch vorgetragen, so gut sie konnte, aber wohl nicht verständlich genug für die Spanierin. Diese verstand, ich sei verloren gegangen und wäre jetzt irgendwo in den Bergen.

In ihrer Hilfsbereitschaft wurde die Beamtin sofort aktiv und beorderte zwei Kolleginnen zu sich, während sie selbst den Telefonhörer in der Hand hielt und Brigitte fragte, ob sie die Polizei anrufen solle. Dies alles geschah in der Landessprache der Galicier, sodass Brigitte überhaupt nicht mehr verstand, was hier eigentlich ablief. Nur das Wort „policia" machte sie misstrauisch. Sie ahnte, dass hier Größeres ins Rollen kam. Mit Müh und Not konnte sie erstmal einen Polizeieinsatz erfolgreich stoppen. Doch wie kam sie aus dieser Nummer wieder heraus?

Sie erklärte den anwesenden Personen, dass sie lediglich die Orientierung verloren hätte und nicht wisse wo sie ihren „marido", (ihren Ehemann) finden könne. Trotz der allgemeinen Erleichterung begannen alle, Kartenmaterial nach dem Pilgerweg zu suchen, die Orte rauszuschreiben um der doch so verzweifelten Deutschen zu helfen. Man druckte ihr sogar eine Karte aus dem Internet aus, auf der auch der kleinste Weg aufgezeichnet war. Mit sorgenvoller Stirn und den besten Wünschen verabschiedete man Brigitte, die sich gar nicht mehr wohl fühlte in ihrer Haut. Dass man sich am nächsten Tag erneut treffen würde, ahnte keiner.

In aller Frühe standen wir auf, machten uns marschfertig und gingen ein Stockwerk tiefer, um ein kleines Frühstück einzunehmen. Am Vorabend, vor dem Einschlafen, hatten wir beschlossen, noch eine Nacht länger in diesem Hostal zu bleiben. Hierzu wollte ich natürlich auf mein Spiel „Handeln wie auf dem Pferdemarkt" nicht verzichten. Doch es gab ja kaum noch etwas auszuhandeln, denn der Zimmerpreis von 10 Euro pro Person und Nacht war schon ziemlich ausgelutscht. Ich versuchte es trotzdem, denn es gab ja nichts zu verlieren.

Inzwischen hatten wir zu der Señora ein nettes Verhältnis aufbauen können und begrüßten sie zum Morgen. Nachdem sie den Kaffee abgestellt hatte, eröffneten wir ihr unseren Wunsch, eventuell noch eine Nacht länger bleiben zu wollen – in der gleichen Bettwäsche versteht sich. Erstaunlicherweise reagierte sie gelassen, sie ahnte wohl schon, was jetzt kam. Da wir ja unsere Rechnung bereits bezahlt hatten, gab ich ihr einen 10-Euroschein und die Zusage, unser Abendessen aus ihrer Küche zu ordern. Sie überlegte einige Sekunden, lächelte erneut und steckte den Geldschein in ihre Küchenschürze. Auf eine nette Art fragte sie uns, wie lange wir noch bleiben möchten und gab zu erkennen, dass weitere Preisnachlässe nicht mehr möglich wären.

Wir zogen los. Nach unserem Erfolgserlebnis waren wir gut gelaunt und blickten voller Optimismus auf den neuen Tag. Die Stimmung sollte jedoch schnell kippen, weil wir durch eigene Dummheit ein Problem bekamen.

Es war unsere Angewohnheit, den Abfall, den wir selbst auf dem Zimmer produzierten in eine Plastiktüte zu packen und in der nächstliegenden Tonne zu entsorgen. Brigitte saß schon im Auto und ich war mit der Mülltüte auf dem Weg zum Container. Es regnete wie aus Kübeln. Um

schnell zu sein, beförderte ich die Tüte mit sicherem Wurf aus zwei Meter Entfernung schwungvoll in den Müllcontainer. Schnell ging's zurück ins Auto, wo ich meine Fahrerin um ein Handtuch und um meinen Regenhut bat. „Moment, mein Schatz", kam die prompte Antwort. Sie zog eine Plastiktüte von der Rückbank und legte diese in meine Hände. Während der Wagen losrollte öffnete ich sie und … sie war voller Abfall. Ich hatte die falsche Tüte in den Müll geworfen.

Ich war stocksauer, die gute Laune wie weggeblasen. Dass Brigitte schallend über dieses Missgeschick lachte, konnte mich auch nicht wirklich aufheitern. Also zurück zum Container und die Tüte mit den Ersatzsocken, Ersatzhosen und sonstigen Ersatzsachen wieder rausfischen. Doch das war leichter gesagt als getan, da der Behälter wohl erst vor kurzem geleert worden war. Unsere Tüte lag ganz unten auf dem Boden, wo genau, das konnte ich nicht erkennen. Mit einer Portion Wut im Bauch stocherte ich mit meinem Wanderstock in dem Müllcontainer rum und zog diverse andere Tüten vollgepackt mit Müll „an Land", bevor ich die richtige erwischte.

Mittlerweile pressten alle Gäste in der Bar unseres Hostals und natürlich auch unsere Vermieterin sich die Nasen an den Scheiben platt, um nur nichts von dem lustigen Schauspiel zu verpassen.

Mit einem breiten Schmunzeln im Gesicht und den Worten: „Sei froh, dass Du die Tüte so rausbekommen hast, sonst hättest du noch in den Container steigen müssen", bemerkte meine Liebe und fuhr in Richtung CAMPOBECERROS, wo ich den Einstieg für den heutigen Abschnitt hatte.

Auf der Piste gab es nichts Berichtenswertes außer, dass es ständig bergab ging, genauso wie meine Kraftreserven. Bergab zu laufen, hört sich leicht an. Es geht aber ziemlich in die Beine und verbraucht eine Menge Energie. Ich machte heute drei Kreuze, als ich mein Tagespensum erledigt hatte.

Ach, da war ja noch die dritte Übernachtung inklusive des

zugesagten Dinners. In unserem Zimmer erledigten wir die notwendige Kosmetik, ruhten noch etwas aus und gingen in die Bar, eine Treppe tiefer. Dort wurden wir bereits von unserer Vermieterin erwartet. Die Speisekarte war nicht sehr umfangreich, aber alles wurde von der Besitzerin selbst gekocht. Heute stellten wir uns ein komplettes Menü zusammen, Vor-, Haupt- und Nachspeise, dazu Wein und Wasser und anschließend Kaffee. Wir wollten der Dame des Hauses heute etwas von ihrer Großzügigkeit in Sachen Zimmerpreis zurückgeben, indem wir besonders viel in ihrem Lokal verzehrten.

Die Wartezeit, bis der erste Gang serviert wurde, nutzen wir, um nachzurechnen, was ihr durch unsere Feilscherei entgangen war. Unser Zimmer sollte ursprünglich 30 Euro pro Nacht kosten, also insgesamt 90 Euro für die drei Übernachtungen. Bezahlt hatten wir letzten Endes nur 50 Euro – jetzt wussten wir Bescheid und wollten die nichtsahnende Dame des Hauses im Anschluss überraschen.

Wir genossen das leckere Essen. Als sie die Rechnung brachte, gab ich ihr 25 Euro „Trinkgeld“. Sie war völlig überrascht, zwinkerte mir dann aber lächelnd zu und signalisierte so, dass sie verstanden hatte. Es gab ein herzliches Dankeschön und für jeden war die Welt wieder in Ordnung.

Hatte ich gedacht, nach Überquerung des letzten Passes wäre das Schlimmste der „Via de la Plata“ überstanden, so hatte ich mich böse geirrt und wurde heute eines Besseren belehrt. In meinem Buch hieß es, dass die Pilger nahezu 1.000 Höhenmeter tiefer marschierten und heute, aufgeteilt auf relativ wenige Kilometer wieder auf über 900 m zurück mussten. Das allein war schon frustrierend, aber die Bodenverhältnisse waren ein zusätzliches, nicht zu unterschätzendes Problem. Durch den Dauerregen waren Teile der Strecke nicht mehr als Piste zu bezeichnen, sondern als Schlammwüste in ihrer schlimmsten Form. An den zahlreichen Steigungen und Gefällen wusch das Regenwasser zwar den Boden frei, was aber zur Folge hatte, dass der felsige Untergrund schmierig und glatt war. Hier zählte nicht nur jeder Schritt, sondern jeder Blick. Es galt Stürze zu vermeiden, um Verletzungen zu entgehen. Man stelle sich einmal vor, solch ein Unfall würde zum Abbruch der Mission führen, alles wäre umsonst gewesen.

Für eingeschränkte Bewegungsfreiheit sorgte mein neuer blauer Regenmantel, den wir kaufen mussten, nachdem das gelbe Modell dem Unwetter vor einigen Tagen zum Opfer gefallen war. Unter Berücksichtigung des Rucksackes war der Regenschutz viel zu eng geschnitten. Ich kam mir vor wie ein wandelnder Müllsack.

Nach „nur“ 15 km war ich mit meiner Kraft total am Ende und machte Schluss für heute. Mir war klar, dass ich mit der wenigen, noch in mir steckenden Energie verantwortungsvoll

umgehen musste. Mein Ziel, den gesamten Weg in maximal 50 Tagen und ohne Ruhetag zu schaffen, war zwar nicht gefährdet, aber man konnte nicht wissen, wie es weitergeht.

Brigitte erzählte mir von ihrem Tages-Highlight. Während sie unterwegs war, packte sie das schlechte Gewissen wegen des gestrigen Vorfalls in der Bibliothek. Ihr tat es nachträglich leid, die Mitarbeiter der städtischen Bücherei ein bisschen an der Nase herumgeführt zu haben. Deshalb kaufte sie in einer Bäckerei jede Menge Kuchen und Kaffeegebäck und übergab dies an die freundlichen Helfer von gestern. Alle, die an dieser Aktion beteiligt waren, wurden herbeigerufen. Sie freuten sich sehr über den Kuchen, aber noch mehr darüber, dass Brigitte ihren „marido" unversehrt in den Bergen wiedergefunden hatte. Sie baten Brigitte zu bleiben. Gemeinsam genoss man den Kuchen mit einem schnell gekochten Kaffee. In dieser herzlichen Atmosphäre brachte Brigitte es nicht übers Herz, die regen Helfer über den wahren Grund ihrer Internet-Aktion aufzuklären. Der liebe Gott wird es ihr wohl verzeihen …

Galicien zeigte sich heute von seiner allseits bekannten Seite: Regen, Regen und nochmals Regen. Mit wenigen Unterbrechungen schüttete es den ganzen Tag. Petrus hatte seine Schleusen weit geöffnet, ohne Rücksicht auf die Pilger. Nach wenigen 100 Metern merkte ich, dass mit meinen Schuhen etwas nicht stimmte. Ich stoppte an einer Sitzbank und suchte nach der Ursache. Es war gleich zu erkennen: an einem meiner treuen Begleiter war erneut die Sohle gebrochen – kein Wunder bei den zurückliegenden Belastungen. Schuhe wechseln, Fehlanzeige, ich hatte keinen Ersatz. Außerdem müssen Wanderschuhe eingelaufen sein, damit keine Druckstellen entstehen, die zu Blasen führen können. Ich musste einfach weiter und beobachten, was passiert.

Hatte ich in den vergangenen Wochen manchmal Strecken, auf denen es nur Ansiedlungen in größeren Abschnitten gab, so reihte sich heute Ortschaft an Ortschaft, wie Perlen auf einer Schnur. Es war ein eher langweiliger Tag. Nur bei der Suche nach einer Stelle, die mir den nötigen Stempel in meinen Pilgerpass setzte, gab es Stress. In den beiden ersten Bars „no“. Die im Reiseführer ausgewiesene Stelle hatte den Stempel verlegt, verwies mich jedoch an das „Centro de Salud“, das Gesundheitszentrum. Bis dahin waren es ca. 250 m. Ergibt 500 m hin und zurück. Nach langem Palaver mit den dortigen Angestellten bekam ich den gewünschten Eintrag in den Pass. Man machte mich aber darauf aufmerksam, dass dieser Stempel nicht wirklich anerkannt sei, und ich im Pilgerbüro in Santiago Ärger bekommen könnte. Ich schlug diese Warnung in den, auf

der Straße herrschenden, heftigen Wind und tat den Informator als Wichtigtuer ab. Das sollte sich leider noch rächen.

Ich wollte nur noch vorwärts, mir war kalt und die gesamte Kleidung war feucht. Es war ein kleines, scheinbar unbedeutendes Ereignis, das mich im Herzen erwärmen sollte, nämlich ein unscheinbarer grauer Kilometerstein. Davon gibt es an den Jakobswegen Tausende. Aber es war eben dieser eine, genau der mit der Zahlenaufschrift 139,525. Dies war der erste genaue Hinweis auf das angestrebte Ziel: noch 139,525 km bis nach Santiago de Compostela.

Der Nichtpilger wird wenig Verständnis für diese emotionale Bindung an eine Kilometerangabe haben, aber für mich war es ein Gefühl bald wieder zu Hause zu sein. Auch der nächste Hinweis „129,036 km" zeigte, ich war auf dem richtigen Weg.

Am Rande einer Erkältung stehend erreichte ich mein Tagesziel. Der Abend galt der Körperpflege und dem Kampf gegen einen grippeähnlichen Infekt. Die sich ankündigende Erkältung machte mir in der Nacht sehr zu schaffen. Durch das ständige Husten und Herumgewälze konnte ich nicht die Ruhe finden, die ich doch so dringend brauchte. Brigitte war durch nichts zu stören, sie schlief wie das so oft zitierte Murmeltier.

Der Morgen brachte nichts Neues. Ein Blick aus dem Fenster bestätigte meine Befürchtungen, es war total bewölkt und der Regen tobte sich weiter aus. Vollgepumpt mit meinen Parkinson-Medikamenten und diversen Mitteln gegen die Erkältung betrat ich die „ruta". Der Druck in der Herzgegend war nach einigen Kilometern wieder deutlich spürbar und belastete nicht nur meinen Körper, sondern auch meine Seele. Ich machte mir Sorgen.

Es hatte den Anschein, als hätten heute alle Pilger „schlechtwetterfrei" genommen hatten, denn es war kein einziger Kollege auf der Piste zu sehen. Und so waren es wieder die Kilometersteine, die mich mit ihren Entfernungsangaben bei Laune hielten. Nun muss man wissen, dass in Galicien alle 500 m ein solcher Stein in den Boden eingelassen ist und normalerweise eine Kilometer-Info zeigt. Aber wahrscheinlich immer dann, wenn der liebe Gott oder der heilige Jakobus mal zur Seite schauten, war ein Pilgerlein zur Stelle und montierte die kleinen Schilder von den Steinen ab. Die verschwanden dann blitzschnell im Gepäck und sind heute über die ganze Welt verstreut als ein beliebtes Souvenir im Einsatz. Ich hatte heute das Glück, zwei noch komplette Steine zu erwischen, die mir dann einen Schub mit auf die nächsten Meter gaben.

Ich nutzte aber auch die Zeit, um darüber nachzudenken, wie viele Tage ich noch benötigte um – vorausgesetzt es ging allee gut – Santiago zu erreichen. Betrachtete ich die heutige Etappe als abgehakt, so müsste ich in vier Tagen an meinem großen Ziel ankommen.

Ich hängte noch einen weiteren Tag an meinen Marschkalender an, denn mir schwebte eine Idee im Kopf herum, die ich gerne in die Realität umsetzen wollte. So plante ich, am 45. Tag meiner Tour an der Stadtgrenze von Santiago Schluss zu machen und die verbleibenden 2–3 Kilometer mit meiner treuen Begleiterin Brigitte gemeinsam zur Kathedrale zu gehen.

Als am Abend die Frage diskutiert wurde, wie lange ich noch brauchen würde, erzählte ich von meinen Absichten nichts. Ich wollte sie überraschen.

Wie nicht anders zu erwarten, verschlimmerte sich meine Erkältung. Ich befand mich im Zustand wechselnder Körpertemperaturen, mir war mal kalt und dann wieder ganz heiß. Eine weitere fast schlaflose Nacht war angesagt.

Am nächsten Morgen war ich wie gerädert. Mein ohnehin geschwächter Körper führte einen Kampf gegen die in ihm steckende Grippe. Es war ein Gefecht zwischen David und Goliath. Hier war mein Körper der klar Unterlegene. Nach inzwischen über sechs Wochen Dauereinsatz waren Verfallserscheinungen deutlich spürbar. Auch einem Außenstehenden konnte dies nicht entgehen. Seit Beginn der Wanderung in Sevilla hatte ich über sechs Kilo Körpergewicht verloren. Es ging jetzt an die Substanz. Mein Parkinson wollte natürlich auch mitmischen und unterstützte Goliath mit mehreren

Krämpfen in beiden Beinen. Ich bot ein Bild des Jammers.

Diese Schwierigkeiten blieben Brigitte nicht unbemerkt. Auf Befragen spielte ich die Sache herunter und redete meinen Zustand schön. Ich wusste genau, dass sie mich am Weitergehen, zumindest heute, hindern würde, wenn sie gewusst hätte, wie es tatsächlich um mich stand. Ich hätte auch einen Arzt aufsuchen können, aber was sollte das bringen, der würde mich vermutlich für einige Tage aus dem Verkehr ziehen. Und das wollte ich nicht.

Ich warf einen Blick in mein Reisebüchlein. Demnach wollte ich heute ca. 21 km schaffen. In der Theorie ganz einfach, nur wie ich das in der Praxis schaffen sollte, das war mir ein Rätsel. Es gab für mich drei Motivationspunkte, an die ich mich klammern konnte. Zunächst hatte es aufgehört zu regnen, dann hatte ich genügend Zeit, um mir meine Kräfte einzuteilen und… ich würde heute die 900-km-Marke überschreiten. Besser ausgedrückt, es waren also nur noch weniger als 100 km bis zum Ziel. Ich traf – zu Allem entschlossen – meine Entscheidung. Es gab nur ein Ziel … weiter, immer weiter.

60 Minuten später war ich auf der Piste. Santiago, ich komme!

Die ersten Kilometer zogen sich wie Brei. Mühsam brachte ich einen Fuß vor den anderen. Der Himmel war etwas klarer geworden, dafür zogen in meinen Gedanken düstere Wolken auf. Ich war mir unsicher, ob ich die verbleibenden Tage durchstehen würde. Die Angst zu versagen hatte mich gepackt. In meinem Kopf lief ein Film ab, der mich mit der bisherigen Reise konfrontierte. Alles kam wieder zurück in meine Erinnerung. Freud und Leid meines Pilgerdaseins war wieder präsent. Sollte das alles umsonst gewesen sein? Die Antwort gab mir wieder ein Kilometerstein mit einer Zahl, die nicht hätte schöner sein können: 94,585 km bis Santiago de Compostela.

Der Stein erinnerte mich auch in seiner Form an die Zapfsäule einer Tankstelle. Ich jedenfalls hatte dort vollgetankt und es ging mit 98 Oktan Super schneller vorwärts als bisher. Der Regen setzte wieder ein und spülte all meine Ängste und Nöte weg, mein Kopf war wieder frei.

Am Abend bat ich Brigitte, sich in Santiago nach einem guten Hotel für die letzten Nächte umzuschauen.

Es war heute wieder einmal Samstag, Tag 42 auf dem Weg vom heißen Sevilla in Andalusien nach Santiago de Compostela im verregneten kalten Galicien. Die siebte Pilgerwoche hatte begonnen. Ich fühlte mich besser, als an den Vortagen, aber die Motivation einer Kilometerangabe konnte mir meine Kraft, die ich jeden Tag aufs Neue brauchte, nicht wirklich zurück geben.

Die Streckenführung bot einen alternativen Weg an, der die Besichtigung des Klosters von OSEIRA ermöglichte. Dieses Angebot hatte allerdings den Haken, dass ich über 5 km mehr zu laufen hätte. Diese 5.000 m waren für einen kränklichen Pilger wie mich eine Riesendistanz und so brauchte ich nicht lange zu überlegen: Ich nahm den Kurs des direkten Weges.

An meinen defekten Schuh hatte ich keinerlei Gedanken mehr verschwendet. Er machte mir auch kaum Schwierigkeiten, außer, dass ich wenige Male an Steinen und Wurzelverwachsungen hängen blieb. Sturzgefahr bestand aber nicht. Dafür meldete sich mein Fuß, der durch die Veränderung an der Schuhsohle in seiner Fuß(bett)ruhe gestört wurde und mir leichte Schmerzen bereitete.

Das war alles schnell wieder vergessen, denn der Weg führte in ein Waldstück. Es hatte wieder begonnen heftig zu regnen und ich musste anhalten, um meine „Designer-Regenkleidung" anzulegen. Aus dem gut begehbaren Weg wurde mehr und mehr ein Pfad und die gelben Pfeile tauchten immer seltener auf. Ich war jedes Mal erleichtert, wenn ich auf einen dieser Wegweiser traf, zumal meine Verbindung zur „Außenwelt" – mein Handy – die Funkstrecke zum Sender abgeschaltet hatte.

Es war ein bisschen unheimlich um mich herum. Durch den starken Baumwuchs war vom Himmel nichts zu sehen. Nur das Prasseln des Regens, dem sich die Blätter in den Weg stellten, gab mir Gewissheit, wo oben sein musste. Durch den mangelnden Lichteinfall war alles um mich herum grün, eine Farbmischung der Natur die mir bisher unbekannt war. Recht und links des Pfades standen vereinzelte Häuschen, die nur bei genauem Hinsehen als ehemalige menschliche Behausung zu erkennen war. Die Natursteine der Ruinen waren mit einer dicken, samtweichen Moosschicht überzogen.

Aus Neugierde schaute ich einmal in das verfallene Gemäuer hinein und erschrak mich zu Tode als irgendein Getier an mir vorbeihuschte. Ich fühlte mich wie in einem Zauberwald mit angegliedertem Gruselkabinett. Filme wie „Das letzte Einhorn“ und „Harry Potter“ wurden in mir lebendig. An anderer Stelle grüßte mich eine größere Kolonie des giftigen Fliegenpilzes.

Doch ich war allein, mutterseelenallein, in dieser mir fremdem Welt. Ich wünschte mir hinter jeder Kurve wieder aus dem Wald treten zu können, doch was kam, war ein weiteres Stück der „grünen Hölle“. Ich vermisste auch seit geraumer Zeit die gelben Pfeile: „Nie waren sie wertvoller als heute“. Hatte ich sie übersehen? Hatte ich eine Abzweigung verpasst? Hatte ich mich verlaufen? Wo waren die Orientierungspunkte?

Ich wusste nicht mehr wo ich war. Der Trampelpfad verschwamm immer mehr und war nur mühsam zu erkennen. Diese Fährte durfte ich nicht verlieren. Der kleine Bach, den ich einige Male gekreuzt hatte, war bisher kein echtes Hindernis. Er entwickelte aber zunehmend eine größere Fließgeschwindigkeit und einen höheren Wasserstand. Eine menschliche Hand hatte an einer heiklen Stelle eine Brücke gebaut. Die Bezeichnung Brücke ist eher geschmeichelt, es war ein aus Birkenhölzern gebauter wackeliger Steg. An dieser Stelle jedoch vollkommen ausreichend. Nur mein Parkinson erkannte sofort die Chance, mir wieder einmal zusätzliche Probleme zu machen. Wieder hatte ich Schwierigkeiten, den engen Steg zu überwinden und es dauerte einige Zeit bis es vollbracht war.

Leicht geschockt über diesen erneuten Zwischenfall, ging ich weiter ins Ungewisse hinein. Ich schaute immer wieder auf das Display meines Handys: keine Verbindung. Der Hinweis, dass für den Notfall die Rufnummern offen sind, gab mir nicht die erwünschte Beruhigung, sondern unterstützte meine Besorgnis. Was sollte ich tun?

Den Weg zurückgehen, nein, das wäre völlig falsch, zumal ich schon deutlich über eine Stunde herumirrte. Einfach stehen bleiben und auf einen anderen Pilger hoffen? Auch nicht sehr sinnvoll, ich wusste ja noch nicht einmal, ob ich noch auf dem „Camino“ war. Ich handelte instinktiv, ohne eine fundierte Ahnung zu haben: Der Bach sollte mich aus der „Wildnis“ herausführen. Ich entwarf in meinem Kopf ein Landschaftsbild wonach alle Wasserwege früher oder später im Meer enden. Meine wahnwitzige Logik: „Wo Meer ist, ist auch Strand und wo Strand ist, ist kein Wald“. Ich hatte zumindest eine neue Orientierung und eine wieder erstarkte Motivation.

Mit einem Auge auf dem Pfad, mit dem anderen den Bachverlauf kontrollierend, ging es weiter. Spätestens ab dann wusste ich, warum der liebe Gott uns zwei Augen geschenkt hatte. Es mag noch eine halbe Stunde gedauert haben, aber mir kam es wie Stunden vor, bis ich tatsächlich den Rand des Waldes erreicht hatte. Kurz vorher fand ich auch einen gelben Pfeil. Ich hatte also den richtigen Riecher gehabt und war sehr erleichtert. Erst jetzt konnte ich erkennen wie stark es regnete.

In der nächsten Ortschaft stoppten mich zwei Männer in der Uniform einer Zivilschutzeinheit. Sie waren sehr freundlich, aber in ihrem Ton kompromisslos. Ich wurde daraufhin gewiesen, dass der Jakobsweg wegen der Wetterverhältnisse gesperrt wäre, und ich den Weg über die nahe liegende Nationalstraße fortsetzen müsste. Nach den gerade durchlebten Erfahrungen war mir dies ganz Recht. Hatte ich für heute doch genug Abenteuerluft geschnuppert.

Mein Handy meldete sich zurück. Es war Gisela vom Forum, die mir mitteilte, sie hätte wieder festen Boden unter den Füßen. Ich erwiderte, dass es mir genauso ginge. Ich glaube, das hatte sie nicht richtig verstanden. Wie sollte sie auch …

Obwohl es noch einige Kilometer bis zum Endpunkt der Reise waren, bezogen wir eine Unterkunft in Santiago. Ich ließ Brigitte in dem Glauben, dass übermorgen Abend unsere zweite gemeinsame Pilgertour auf dem Jakobsweg zu Ende gehen sollte.

Wer auch immer die Zeitumstellung „erfunden" hat, bzw. sie politisch umgesetzt hatte, diesen Menschen galt am heutigen Sonntagmorgen mein erster Gedanke, verbunden mit einem kleinen Dankeschön. In der Nacht waren die Uhren um eine Stunde zurückgestellt worden. Diese geschenkte Stunde konnten wir länger schlafen. Zählte auf diesem Marsch jeder Schritt, so galt das gleichermaßen für die Ruhephasen, hier war jede Stunde nützlich.

Ich war ziemlich schnell auf den Beinen und zog den Vorhang einen Spalt zur Seite. Ein erster Blick auf den neuen Tag brachte die erfreuliche Erkenntnis, dass es nicht mehr regnete, zumindest nicht in dieser Minute. Ein grobe Kontrolle meiner Körperfunktionen ergab keine nennenswerten Mängel. Meine Hirschtalgcreme für die Füße ging zur Neige. Auch die anderen Dinge, die man für seine Pilgerkosmetik benötigte, waren nahezu aufgebraucht. Ein deutliches Zeichen, dass es bald ein Ende nehmen würde. Ich fühlte mich sehr gut, der Endspurt konnte beginnen.

Doch vorher noch ein schnelles Frühstück im Hotel. Es war ein sehr schnelles, es gab nämlich keines. Der Service stand an Sonntagen nicht zur Verfügung. Ich würde also mein „desayuno" in einer anderen Bar einnehmen müssen.

Für den heutigen Tag hatte ich mir kein ortsgebundenes Ziel gesetzt. Die Gesamtsituation war unübersichtlich. Ich wusste nicht, wie lange meine Kräfte reichen würden, wie sehr mich meine Wehwehchen beim Fortkommen behinderten, wie die Wetterverhältnisse sich entwickeln usw. usw. Ich wollte also nur „Kilometer fressen, soweit die Füße tragen".

Ich war clever genug, nicht zu schnell die ersten Kilometer in Angriff zu nehmen und das war gut so. Ich merkte, mit welchen konditionellen Defiziten ich es zu tun bekam bzw. bekommen sollte. War ich normalerweise der Langstreckenläufer, der ohne nennenswerte Rast seinem Ziel entgegenstürmte, so legte ich jetzt regelmäßige Pausen ein, um mich nicht frühzeitig auszupowern. Heute war nicht der rechtzeitige Feierabend gefragt, sondern Überstunden zu erwarten.

Zwischendurch meldete sich erneut meine

treue Seele aus dem Forum. Gisela informierte mich, dass das Interesse an meiner Mission außergewöhnlich viele User anlockte, die sich durch Anklicken der entsprechenden Seiten informierten. Nicht wenige schrieben an mich gerichtete Durchhalteparolen. Diese Neuigkeiten aus berufenem Munde machten mich glücklich und stolz zugleich. Sie erinnerten mich aber auch wieder daran, dass ich eine Verpflichtung diesen Menschen gegenüber hatte, durchzuhalten, um sie nicht zu enttäuschen.

An einigen Positionen folgte ich nicht den gelben Pfeilen, sondern ging entlang der Nationalstraße. Ich hatte hier einen festen Untergrund und die Stolpergefahr durch die defekte Sohle war geringer. Zudem konnte ich mich an jedem Verkehrsschild erfreuen, das mir Auskunft über die Entfernung nach Santiago gab. Vor lauter Begeisterung fotografierte ich fast jede dieser Tafeln mit den immer kleiner werdenden Zahlen. Manchmal ertappte ich mich dabei, gedanklich schon auf dem großen Platz vor der Kathedrale zu stehen. Doch ich bremste diese Gedanken, denn auf den restlichen Kilometern konnte noch viel passieren.

Als ich eigentlich mit meinen Kräften am Ende war, nahm ich mir vor, noch eine Stunde weiterzulaufen, egal in welcher Geschwindigkeit. Jeder Schritt zählte, erinnerte ich mich an die Straße mit den vielen Kreisverkehren.

Nach ca. 30 Minuten mahnte mich Brigitte, für heute Schluss zu machen, doch ich wollte unbedingt meine Vorgabe erfüllen. Als die 60 Minuten vorüber waren, legte ich mir ein neues Kreuz auf die Schultern und verordnete mir weitere 60 Minuten. Meine Pilgerführerin merkte dies natürlich sofort und erhob lautstark Protest. Sie machte mir klar, dass wir eben einen Tag dranhängen würden und ich mit dem Unsinn aufhören solle. Wir einigten uns auf eine halbe Stunde. Unter uns gesagt, war mir dies sehr recht, denn die 60 Minuten hätte ich auch gar nicht mehr geschafft.

Beim Abendessen erwähnte ich keine Silbe davon, dass morgen nicht der letzte Tag der Tour sein würde. Brigitte hatte keine Ahnung was ich mit ihr vorhatte.

Heute war der 26. Oktober 2009. War es Zufall oder unbewusst so gesteuert, denn auf den Tag genau vor zweieinhalb Jahren hatte ich meinen ersten Jakobsweg in Santiago beendet. Ein so bedeutender Tag in meinem Leben, den ich nie vergessen werde. Sofort kamen diese Minuten mit allen ihren emotionalen Eindrücken in mein Gedächtnis zurück. Ich riss mich zusammen, denn jetzt war keine Zeit, die Vergangenheit zu befragen. Noch war ich nicht am Ziel meiner so lang gehegten Wünsche.

Brigitte verabschiedete mich heute auf eine besonders liebevolle Art. Während sie mich fest in ihre Arme nahm, gab sie mir einen zärtlichen Kuss und wünschte mir für die verbleibende Strecke alles Gute und eine glückliche Ankunft in Santiago. Auch zum jetzigen Zeitpunkt behielt ich mein Wissen für mich.

Ich ging „auf Achse“, „eigentlich Blödsinn dieser Spruch“, dachte ich. Man geht auf Achse zu Fuß, das ist doch paradox. Einigen wir uns, es ging los, bei guten Wetterbedingungen, wie sich bald zeigen würde. Selbst die Sonne, die in den letzten Tagen offensichtlich auch Urlaub gemacht hatte, bezog ihre Position am Himmel und strahlte eine angenehme Wärme ab.

Im Gegensatz zu gestern hatte ich für diesen Tag zwei feste

Ziele. Zunächst wollte ich mich im Ort SUSANA mit Brigitte treffen, um bei einer Tasse Kaffee zu besprechen, wo wir uns in Santiago treffen würden. Als zweites galt es eine Stelle zu finden, die ca. 2-3 km vor dem endgültigen Ende der Pilgerreise lag. Von dort aus wollte ich anrufen und sagen, dass ich am Ende meiner Kräfte wäre und keinen Schritt weitergehen wolle. Mein Reiseführer gab mir einen Hinweis auf den königlichen Weg, den „Camino Real". Von hier aus konnte man zum ersten Mal die Kathedrale der Stadt sehen.

Wer nun denkt, dieser letzte Streckenabschnitt wäre ein lockeres Auslaufen, der irrt. Neben der Kilometerleistung ging es ständig bergauf und bergab. Wenn man noch einen Blick für die Schönheiten der Region hatte, dann wurde man durch alte romanische Gebäude und romantische Ortschaften belohnt.

Wie vorgesehen, trafen wir uns in einer kleine Kaffeestube, um die anstehenden Dinge zu bereden. Hierbei gab ich zu erkennen, dass ich ziemlich „platt" sei, die restlichen Kilometer aber noch packen würde. Wir trennten uns wieder in der hoffnungsvollen Vorfreude auf ein Wiedersehen in Kürze.

Ungefähr zwei Stunden später hatte ich die Stadtgrenze von Santiago erreicht und stand nun auf dem „Camino Real". Schmunzelnd fingerte ich mein Handy aus der Tasche und tippte die Kurzwahlnummer meiner Liebsten ein. Sie war sofort am anderen Ende der Leitung zu hören.

Um keine Diskussionen aufkommen zu lassen, teilte ich ihr in einem vorher eingeübten leicht leidenden Tonfall mit, dass ich „fix und foxi“ wäre (was tatsächlich auch der Fall war) und nicht mehr weiter könne. Brigitte, die meinen Ergeiz kannte und sich nicht vorstellen konnte, dass ich so kurz vor dem Ziel, zumindest für heute abbrechen würde, fragte ungläubig was denn mit mir los wäre. Ich log ihr etwas vor, gab ihr meinen derzeitigen Standort und bat um Abholung.

Nach wenigen Minuten war sie bei mir. Der Rest ist schnell erzählt. Ich empfing sie mit einem breiten Lächeln. Sie ahnte schon, dass ich etwas im Schilde führte. Ich nahm sie in den Arm und teilte ihr meinen Wunsch mit, morgen früh gemeinsam, Hand in Hand die letzten 2.000 m zum großen Platz vor der Kathedrale zu gehen. Sie schaute mir in die Augen, streichelte mir leicht über die Wange und nickte stumm. Meine Geste war in ihrem Herzen angekommen.

Ich brauchte lange Zeit um einzuschlafen. Meine Gefühle begannen mich zu überwältigen. Wie würde ich den nächsten Tag überstehen?

Diese Nacht zählte zu den unruhigsten Übernachtungen der Pilgerreise. Jedes Mal, wenn ich die Augen schloss, öffnete sich ein Fenster zur Vergangenheit.

Es war Donnerstag, der 26. April im Jahre 2007. Dieses, für mein Leben so wichtige Datum, war der Tag, an dem ich das erste Mal als Pilger vor der Kathedrale in Santiago gestanden hatte. Ich war damals die Strecke von Roncesvalles an der französisch-spanischen Grenze bis zur Hauptstadt Galiciens gegangen. Für diesen Jakobsweg, auch unter dem Namen „Camino Frances“ (französischer Weg) bekannt, hatte ich 28 Tage für die ca. 800 km gebraucht, trotz meiner damals 61 Jahre und trotz Parkinson. Es war unglaublich, aber ich hatte es tatsächlich geschafft. So stand ich um 12:51 Uhr emotional völlig aufgelöst auf dem großen Platz vor dem Gotteshaus und weinte hemmungslos.

Alle diese unvergesslichen Erlebnisse waren mir wieder ganz nah und führten dazu, dass einige Tränen unkontrolliert in das Kopfkissen tropften. Wie würde es morgen sein? Weitere Versuche einzuschlafen scheiterten. Ich folgte in Gedanken mehrfach der hinter mir liegenden Route. Ich spürte förmlich die Hitze Andalusiens und den Regen Galiciens auf meiner Haut. Mir schmerzten die Gelenke, wenn mir die steinigen Passagen des Weges in Erinnerung kamen. Aber trotz aller Widrigkeiten ich hatte den Erfolg auf meiner Seite. Nach endlosen Stunden war die Nacht zu Ende.

Aufstehen an diesem Morgen bedeutete Erlösung und Belastung zugleich. Erlösung von der schlaflosen Nacht, Belastung mit Blick auf den neuen historischen Tag. Ich verschob das Aufstehen für einige Minuten und schlüpfte unter die warme Decke meiner noch schlafenden Begleiterin. Ich legte meinen Arm auf die Schulter der Frau, der ich so unendlich viel zu verdanken hatte. Sie war 24 Stunden für mich da, sie war meine Seelentrösterin und auch meine Krankenschwester. Sie sorgte für Essen und Trinken und stellte sicher, dass wir ein Dach über dem Kopf hatten. Sie sorgte sich um meine Kleidung und packte mir den Rucksack. Sie hörte mir geduldig zu, war aber gleichermaßen meine schärfste Kritikerin, wenn es erforderlich war. Sie bewahrte mich vor unüberlegten Handlungen und trat kräftig auf die Bremse, wenn wieder einmal „der Gaul mit mir durchging“. Sie teilte Freud und Leid mit mir, wir lachten gemeinsam und trockneten zusammen unsere Tränen. Und … sie ist die Frau die mich liebt, und die ich immer lieben werde. Der Leser wird verstehen, warum ich dieses Buch meiner Brigitte gewidmet habe.

Fast wäre ich über meine Gedanken und aus Übermüdung wieder eingeschlafen, doch der im Handy programmierte Weckruf mahnte zum Aufstehen.

Was jetzt folgte, waren Emotionen am laufenden Band. Es wurde mir bewusst, dass ich zum letzten Male meine Füße cremte, meine Pilgerkleidung anlegte, den Rucksack packte und meine Wanderschuhe schnürte. „Mein letztes Mal“ bezog sich diesmal nicht auf die jetzt zu Ende gehende Tour, sondern auf mein Leben. Es war für mich kaum vorstellbar, dass ich mit zunehmendem Alter und dem sich ausbreitenden „Freund Parkinson“ nochmals den harten Jakobsweg gehen könnte.

Ich bereitete mich so sorgfältig vor, wie an allen Tagen. Doch diesmal brauchte ich besonders viel Zeit, weil ich mit meinen Gedanken hängen blieb, vielleicht sogar bewusst, um das Ende des Pilgerns hinaus zu zögern. Es war wieder einmal Brigitte, die mich sanft, aber mit Nachdruck aufforderte, endlich „in die Gänge“ zu kommen. Wir mussten los, denn wir hatten noch einiges vor an diesem Morgen.

So begaben wir uns in Richtung „Camino Real“, dem Punkt, an dem ich gestern den Pilgertag beendete. Wir reichten uns die Hände, erlaubten uns noch einen Kuss auf offener Straße und machten uns auf den Weg. Es sollten Minuten der persönlichen Besinnung werden. Die ungewohnte Hektik der Großstadt machte uns jedoch einen Strich durch die Rechnung. Das hohe Verkehrsaufkommen der morgendlichen „Rushhour“ und die zur Arbeit eilenden Fußgänger machten unsere romantische Zweisamkeit zunichte. Elegante Damen und männliche Schlipsträger kreuzten mehrfach unsere Wege. Maschine und Mensch erschienen uns rücksichtslos und zwangen uns, unsere händchenhaltende Verbindung mehrfach zu lösen. Aber dennoch kamen wir vorwärts, die Türme der Kathedrale waren deutlich sichtbar. Die letzten Meter führten uns durch verwinkelte Gassen der Altstadt. Mir wurde es eigenartig im Herzen, ein nicht zu beschreibendes Gefühl überkam mich. Und dann … ertönten zwei Glockenschläge, als Brigitte und ich auf der Praza do Obradoiro, dem großen Vorplatz der Kathedrale, eintrafen.

Es war genau 9:46 Uhr an diesem 27. Oktober 2009.

Nach über 1.000 km Wegstrecke hatte ich es gegen alle Widerstände geschafft, noch einmal nach Santiago de Compostela zu kommen. Das so sehr Erhoffte war nun Wirklichkeit geworden.

Ich sprach ein schnelles stilles Dankgebet und schaute mich auf dem Platz um. Etwas war anders, als bei meiner Ankunft vor zweieinhalb Jahren. Der Vorplatz war nahezu menschenleer, nur wenige Personen verliefen sich auf diesem Gelände bzw. hantierten mit ihren Fotokameras oder Camcordern. Es war noch zu früh für die ganz große Kulisse. Die Pilger waren noch auf der Piste und die Touristen noch in ihren Quartieren. Ich war ein wenig enttäuscht, eine angemessene Stimmung wollte bei mir nicht aufkommen. Das sollte sich aber zwei Stunden später so heftig ändern, dass es meinen Körper fast zerrissen hätte.

Eine angenehme Pflicht ist es, seine ganz persönliche Urkunde, die „Compostela“ im Pilgerbüro abzuholen. Mit diesem Dokument wird, teilweise handschriftlich, die Leistung des Pilgers bestätigt. Kaum zu glauben, aber es war der gleiche Mitarbeiter wie damals, der mir heute das Papier ausstellte. Er gratulierte mir zu meinem Erfolg. Erinnern konnte er sich natürlich nicht mehr an mich.

Es waren noch zwei Dinge an diesem so ungewöhnlichen Vormittag zu erledigen. Das eine war ein inniger Wunsch von mir, das andere ein an Gott gegebenes Versprechen.

Auch dieses Mal verzichtete ich auf den Kauf von Souvenirs. Trotzdem suchte ich nach einem kleinen Laden, den ich in der Nähe des „Oficina de Peregrinos“, dem Pilgerbüro, vermutete und dort auch wieder entdeckte. Hier hatte ich damals eine kleine, blaue Kachel mit der gelben Jakobsmuschel gekauft und diese nach meiner Rückkehr zu Hause an einer Ecke unseres Hauses befestigt. Seitdem vergeht kein Tag, an dem ich nicht wenigstens einmal zu ihr hochschaue. Sie stellt keinen materiellen Wert dar, aber sie bedeutet mir unendlich viel, erinnert sie mich doch an ein Highlight meines Lebens. Eine solche Fliese wollte ich für mich ganz persönlich mitnehmen und neben die bereits vorhandene kleben. Ich kaufte ein Exemplar, lies es gut verpacken und behandelte mein Heiligtum wie ein rohes Ei.

Ein Blick auf meine Armbanduhr zeigte mir, dass es Zeit wurde, ein sehr ernst gemeintes Versprechen einzulösen: Die Pilgermesse! Diese Zeremonie findet täglich um 12:00 Uhr in der Kathedrale statt und soll den Pilgern Gelegenheit geben, Gott für eine glückliche Ankunft zu danken. Vor den ersten Schritten in Sevilla hatte ich mir diese Verpflichtung gerne und mit voller Überzeugung auferlegt.

Wir betraten das Gotteshaus einige Minuten zu früh und nutzten die Zeit zu einem Rundgang durch dieses ehrwürdige Gebäude, das zu Recht als eines der schönsten der Welt bezeichnet wird. Nicht all zu weit vom Altar entfernt und wenige Meter vor dem Querschiff suchten wir uns einen freien Platz auf einer der vielen Holzbänke. Rucksack und Wanderstab legte ich auf den Boden vor meine immer noch schmerzenden Beine. Die Kirche füllte sich. Es war ein bunter Mix von Touristen, Pilgern und anderen Besuchern, die in die Kathedrale strömten.

Brigitte legte ihre Hand in meine und schaute mir mit einem fragenden Lächeln in die Augen. Äußerlich völlig gelassen gab ich ihr mein Lächeln zurück. Für mich selbst war es eher eine gequälte Handlung. Etwas in meinem Inneren begann sich zu verändern, ein Druck verbreitete sich in meinem Körper. So oder ähnlich muss es einem Vulkan ergehen, kurz vor dem Ausbruch. In meinem Kopf drehte sich alles, ich verlor zeitweise die Orientierung. Obwohl ich dagegen ankämpfte, nahm ich meine Umwelt nicht mehr wahr.

Sekunden später spielte der Organist einige Akkorde auf dem mächtigen Instrument. Die Pilgermesse hatte begonnen. Als wenn meine Ohren auf diese Töne gewartet hätten, begann mein Körper zu zucken und wehrte sich gegen etwas, was nicht mehr aufzuhalten war: Tränen! Es waren nicht sehr viele und so beruhigte ich mich wieder, als eine angenehme Frauenstimme zu den Gläubigen sprach. Danach folgte ein Kirchenlied, gesungen von den Anwesenden und unterstützt von der musikalischen Kraft der Orgel. Ich konnte mich nicht mehr kontrollieren und begann hemmungslos zu weinen. Die Falten in meinem Gesicht waren nicht in der Lage diesen Strom von Tränen aufzunehmen und zu kanalisieren. Mir lief das Wasser über mein ganzes Antlitz. Trotz dieser dramatischen Szenen fühlte ich mich wohl und entspannt. Die um mich herum befindlichen Menschen waren mir egal, ich heulte unentwegt weiter.

Trotz dieser emotionalen Belastung fing ich an zu begreifen, was eigentlich passiert war. Ich war am Ziel. Ich hatte es geschafft, ich hatte es tatsächlich geschafft. Alle Zweifel waren wie weggefegt, ich war hier, war angekommen. Der Versuch, ein Gebet zu sprechen, ertrank in weiteren Tränen. Auch ein zweiter scheiterte, ich verlor den Faden.

Brigitte, die mich unaufdringlich beobachtete, tat das einzig Richtige, sie ließ mich gewähren und versuchte nicht, mich zu trösten. Bescheiden überließ sie mir diese Minuten des Triumphes, des Dankes und der Besinnlichkeit. Mehrfach versuchte ich, meiner Gefühle Herr zu werden, erfolglos. Ich bekam von der heiligen Handlung nichts mit, so sehr war ich mit mir selbst beschäftigt.

Die Messe war zu Ende, und die Teilnehmer drängten nach draußen. Es war mein Wunsch, noch einige Minuten länger diesen einmaligen Augenblick zu durchleben. Ich überflog meine bisherigen 64 Lebensjahre und dachte an meine Parkinson-Erkrankung. Wie würde sich mein Leben weitergestalten? In welcher Form wird die Krankheit meine zukünftige Lebensqualität beeinflussen? Würde ich noch einmal in diese Kathedrale zurückkehren dürfen? Vielleicht als Pilger?

Brigitte streichelte mir sanft über mein etwas lichter gewordenes Haar und holte mich in den Alltag zurück. Es wurde Zeit nach Hause zu fahren.

Das Abenteuer war zu Ende, oder …?

Ein Jahr später

Es ist November geworden. Mein zweiter Jakobsweg liegt nun etwas mehr als ein Jahr zurück. In der vergangenen Nacht habe ich das Manuskript für dieses Buch fertiggestellt. Die letzten Zeilen haben mich erneut tief bewegt und ich gestehe gerne, dass auch einige Tränen geflossen sind.

Ich sitze in der sommerlich warmen Sonne Spaniens, auf unserer Terrasse, und blicke auf die nunmehr zwei blauen Kacheln mit der gelben Jakobsmuschel. Es ist immer noch ein erhebendes Erlebnis, an das Abenteuer „Via de la Plata“ erinnert zu werden. Mein Rucksack und meine Wanderstöcke sind zurück auf ihre alten Plätze in der Abstellkammer. Von meinen durchgelaufenen Schuhen habe ich mich nicht trennen können. Sie erhalten ihr Gnadenbrot, weil sie es verdient haben. Selbst die Flasche Sekt, die wir trotz vieler Gelegenheiten nie geöffnet haben, lebt noch.

Im kommenden Jahr werde ich 65 Jahre alt, so Gott es will. Mein Parkinson macht mir mehr zu schaffen denn je. Aber in meinem Kopf ist ein wunderbarer Wunsch fest verankert: Ich möchte noch einmal zurück auf den Jakobsweg, der Teile meines Lebens positiv verändert hat, und der mir die Kraft und den Mut gegeben hat, das zu tun, was ich heute tue und noch machen möchte. Und dies trotz einer schweren Krankheit, denn wenn:

„JEDER SCHRITT ZÄHLT –

GEHT ES WEITER, IMMER WEITER!“